AF451815

LA PRONONCIATION

LATIN

Mgr MOISSENET

ACADÉMIE DES SCIENCES, ARTS ET BELLES-LETTRES
DE DIJON

LA PRONONCIATION

DU

LATIN

PAR

Monseigneur MOISSENET

PRÉLAT DE LA MAISON DE SA SAINTETÉ
MAITRE DE CHAPELLE DE LA CATHÉDRALE DE DIJON
MEMBRE RÉSIDANT

DIJON
LIBRAIRIE E. REBOURSEAU

—

MCMXXVIII

AVANT-PROPOS

L'idée du présent travail nous est venue à la suite des provocations amicales et réitérées de Mgr LANDRIEUX, de si douce mémoire : « Vos adversaires ont beau jeu, s'écriait-il souvent, vous ne leur dites jamais rien. Vous ressemblez, mon bon ami, à un soldat qui a toujours le bras en l'air et ne l'abaisse jamais pour frapper ». Et pour achever de nous convaincre, il avait daigné nous accorder la promesse d'un Imprimatur, promesse qu'il aurait été heureux certainement de nous donner s'il avait assez vécu pour constater mon obéissance à ses instances.

L'occasion et le thème de ces pages nous ont été fournis d'autre part par l'abbé ROUSSELOT, qui voulut bien nous adresser en épreuves sa note sur la prononciation du Latin et nous inviter à lui communiquer nos observations à son sujet. Il nous parut aussitôt plus désirable de mettre en lumière la note elle-même et des conclusions, dont ce qui va suivre expliquera l'importance.

Enfin et du même coup, nous répondrons à un désir de l'Académie des Sciences, Arts et Belles-Lettres de Dijon, qui sollicitait de nous un travail complémentaire à celui, si remarquable, de M. le Colonel ANDRIEU, traitant du même sujet, bien qu'à un tout autre point de vue.

On nous saura gré, je n'en doute pas, d'avoir reproduit en annexe les notes de M. le lieutenant colonel ANDRIEU, ainsi que le mémoire si intéressant de M. Emile GRENIER ; ce mémoire paru dans l'Almanach de Brioude 1923, courait le risque d'être oublié et l'on reconnaitra que c'eût été grand dommage. Nous avons dû la connaissance de celui-ci à notre regretté confrère de l'Académie, M. METMAN, de son vivant avocat à Dijon.

R. M.

Références bibliographiques :

Précis de la prononciation française, par l'Abbé Rousselot et Fauste Laclotte,
Précis de phonétique expérimentale, par l'Abbé Rousselot.

LA PRONONCIATION DU LATIN

I

EXISTENCE D'UN PROBLÈME

Lorsque les Italiens, à Rome comme dans toute la péninsule, *lisent à haute voix* une page de latin[1], ils attribuent aux lettres — voyelles et consonnes — de cette langue ancienne qui a cessé de leur appartenir puisqu'ils ne la parlent plus, les sons et les articulations de leur langue nationale. Et il en est ainsi, en Italie, depuis que, sous l'influence des savants de la Renaissance, la culture des lettres latines s'est généralisée, et qu'il s'est formé un monde de lettrés qui ont remis en honneur la langue de Virgile et de Cicéron.

Il ne fut pas fait autrement dans notre pays de France, à la Cour et dans les provinces. Les mêmes influences mirent aussi en honneur chez nous l'étude des langues anciennes et

---

1. Qu'il nous soit permis de faire remarquer qu'en disant : « lisent à haute voix », nous excluons bien entendu tout autre mode de lecture et aussi toute conversation ou dialogue qui se ferait en latin. Nous pensons qu'il est bon de prévenir, dès le commencement, toute confusion dans les termes employés. C'est pourquoi nous croyons devoir avertir nos lecteurs que dans le cours de notre travail, les mots *voyelles* et *consonnes* désignent uniquement des lettres, *signes écrits* des sons et des articulations ; jamais ils ne désignent les actions qui sont le produit des organes de la *parole*, pour lesquelles nous employons exclusivement les expressions *sons* ou *sonorités*, *articulations*. Ainsi il ne faudra pas confondre le son *A*, avec la voyelle *a*, l'articulation *B*, avec la consonne *b*. Ces distinctions sont importantes.

Pour plus de clarté et dans le même esprit nous représenterons toujours au cours de cet ouvrage, une sonorité par des lettres majuscules ; exemple le son *U*.

en particulier celle de la langue latine, *qui n'a jamais cessé d'être nôtre*. Nous attribuâmes alors aux signes de la langue latine les valeurs sonores de notre langue maternelle. Et nous l'avons fait aussi naturellement que l'avaient fait nos voisins de l'autre côté des Alpes. Pour les uns et pour les autres c'était normal. Ce qui eut été, à cette époque, très anormal, c'est qu'au lieu d'en user ainsi, nous nous fussions imaginés d'attribuer aux mots latins les sons et les articulations de la langue italienne, langue étrangère pour nous, dérivée du latin comme la nôtre mais au même degré et sans titre spécial. L'anomalie n'eût pas été moins grave si elle se fut produite en sens inverse en Italie.

Restaurer la langue latine, la faire revivre ! Ronsard, avec sa pléiade, l'entreprit. Sans avoir égard au travail du temps, il voulut redonner à la langue latine une vie qu'elle avait perdue depuis des siècles. Le temps emporte ce qui se fait sans lui, ce qui se fait contre lui. Le voyageur peut suivre et étudier le cours d'un fleuve dans les deux sens, en descendant et en remontant, mais les eaux du fleuve descendent toujours en suivant fatalement une pente qu'elles ne remonteront plus. Les choses humaines, celles du langage en particulier, sont soumises à cette loi. Les savants, les érudits peuvent, en remontant le cours des siècles, étudier et consigner les détails qui ont marqué cette marche toujours descendante, mais qu'ils sachent bien que leur action est enfermée dans le domaine de l'étude, et qu'il n'est pas en leur pouvoir de faire revivre ce qui est mort. Les langues qui ont cessé d'être parlées sont appelées avec raison des langues mortes. Elles reposent dans le silence des bibliothèques, où des hommes, amis eux-mêmes du silence, viendront les visiter et converser avec elles comme on converse avec des trépassés. Les professeurs chargés de faire à leur élèves des cours sur ces langues, se serviront de leur langue maternelle pour enseigner à leurs *auditeurs* les particularités de ces langues, grammaire, dictionnaire, idiotismes, etc. Pour leur faire connaître la pensée antique, ces professeurs (appelés encore *lectores* dans certaines Facultés) liront en expliquant ; les élèves, à leur tour, liront en traduisant ce que nous ont laissé par *écrit* les auteurs latins. Le cours fini, lecteurs et traducteurs, maîtres et élèves, remiseront avec satisfaction livres imprimés et cahiers manuscrits. C'est maintenant le tour du langage parlé. Les élèves se chargeront de faire une démonstration éclatante de la différence qu'il faut maintenir entre la langue écrite et la langue parlée.

Les constatations qui précèdent et qui établissent, par les faits eux-mêmes, la distinction entre la langue parlée et la langue écrite, la langue morte et la langue vivante, seront confirmées dans l'un des paragraphes qui suivent, et dans lequel nous nous proposons d'indiquer les rapports de dépendance mutuelle de ces différentes formes de la manifestation extérieure de la pensée.

L'abbé Rousselot déplorait la prononciation du latin qu'on a voulu faire adopter en France. Sa modestie, et peut-être son amour pour la science l'ont empêché de s'occuper publiquement d'une question qui se présentait à lui sous une forme si peu scientifique. C'est seulement en 1923 qu'il se laissa comme entraîner à dire ce qu'il pensait. Et voici en quelle occasion, lui-même nous le raconte au début de sa *Note sur la prononciation du latin* :

«A la distribution des prix de l'École de l'Immaculée Conception de Pau, j'ai eu l'occasion de parler du latin. Après avoir donné les principales raisons que nous avons de l'aimer, j'ajoutais : « Enfin — la chose pourra paraître futile : » elle ne l'est pas — aimez le latin même sous le vêtement » que lui ont donné les siècles parmi nous, l'accomodant aux » évolutions de notre langue, car il n'a jamais cessé d'être » nôtre. Ne l'obligeons pas à prendre un déguisement étran- » ger ou d'arlequin, qui l'éloignerait de nous, et produirait » dans le français, s'il l'adoptait, de ces taches blessantes

» pour nos oreilles, embarras perpétuel pour nos yeux ».

L'abbé Rousselot ne pouvait pas marquer plus énergiquement sa réprobation. On sait cependant qu'en public, il ne se départait jamais d'une modération qui lui était habituelle. Aussi bien, s'il emploie ici quelques expressions pittoresques, c'est pour être bref, mais il reste vrai : *se déguiser* c'est prendre un vêtement d'emprunt, qui n'est pas le sien ; dans le vêtement *d'arlequin* il ne voit qu'un composé de pièces disparates, sans arrêter son attention sur le bouffon qui le porte. Ainsi entendus, ces deux mots sont conformes à l'esprit de modération dont la « note » est empreinte, et présentent des idées précises qu'on retrouvera dans les pages suivantes.

Son discours, sur un sujet qu'on avait rendu si actuel et si brûlant, provoqua quelque surprise dans les milieux auxquels on avait coutume de faire valoir, en faveur d'une prononciation dite romaine, en réalité italienne, par conséquent étrangère, des arguments comme ceux-ci : la prononciation romaine (italienne) est nécessaire à la parfaite exécution du chant liturgique ; la prononciation romaine (italienne) est la prononciation normale du latin.

« On m'a demandé des explications, ajoute l'abbé Rousselot. Je les ai données. Elles sont résumées dans la « note » qui suit [1], et que je soumets aux réflexions des amis du latin et du français ».

Comme on le voit, l'abbé Rousselot n'a point voulu faire ici un traité, il a rédigé une simple « note ». Encore cette note n'est-elle qu'un *résumé* des explications verbales données à des auditeurs un peu désorientés par son discours. Nous pourrions en concevoir quelque regret. Mais ce qui manquerait ici, se trouve, et amplement exposé, dans ses ouvrages très précis publiés antérieurement.

Avant d'aller plus loin, disons avec l'abbé Rousselot que ceux qui ont voulu changer la prononciation du latin ont

______

[1] V. p. 87

soulevé, inconsciemment, un *problème,* et que ce *problème* n'est *ni simple, ni exempt de danger.*

Évidemment ceux qui ont poursuivi avec tant d'ardeur ce *changement* ne l'ont pas cru. Préoccupés qu'ils étaient de la restauration du chant liturgique, séduits sans doute par des exemples que nous ne voulons pas blâmer, ils se sont persuadés que la prononciation en usage en France était défectueuse, au point de rendre impossible l'exécution des mélodies grégoriennes et qu'il la fallait *changer,* comme si *changer* était *améliorer.* Ils ont donc imaginé qu'un *changement* s'imposait, et ils s'y sont jetés, sans soupçonner le problème compliqué dont je parle plus haut, ni qu'une fausse solution pouvait entraîner des conséquences regrettables. Tout ceci dans la plus entière bonne foi, et avec un zèle que nous aurions voulu plus éclairé, mais auquel nous nous plaisons à rendre hommage.

Ce fut d'ailleurs fort simple : un mot d'ordre donné, — appuyé il est vrai sur des axiomes contestables, — et la publication, par les organes de la presse, d'un schéma indiquant les changements à introduire. On ne saurait concevoir moyens plus rudimentaires : mais c'est la simplicité, j'allais dire la naïveté du procédé qui assure presque toujours le succès. Nous ne nous en plaindrions pas si l'on n'avait tenté d'imposer les vues nouvelles.

Et ceci nous remet en mémoire un professeur de mathématiques qui sur ses vieux jours s'étonna d'avoir, sa vie durant, obéi au préjugé de la supériorité de la main droite sur la main gauche. Ces deux mains n'étaient-elles pas égales et symétriques, leur situation même dans l'espace définie l'une par l'autre ou inversement ? Mêmes remarques d'ailleurs pour le recto et le verso d'un feuillet. Pourquoi aussi commencer la lecture d'un livre par la première page, quand les Japonais préfèrent commencer par la dernière ? etc. Quoiqu'il en soit, nous eûmes la gaîté de voir notre excellent maître ne plus se servir que de la main gauche pour tourner le bouton d'une serrure ou porter son parapluie... Toutefois, grâce au ciel et pour la plus grande tranquillité de la classe, il continua d'user de la droite au tableau : surtout il se garda bien de nous astreindre à ses nouvelles pratiques.

Ceux dont je parle, très semblables à certains égards à ce vieux professeur, n'ont pas, hélas ! pratiqué la même discrétion.

Dom Pothier qui eut le mérite et la gloire de rendre aux mélodies grégoriennes l'intérêt musical que la négligence leur avait fait perdre fut plus réservé et plus sage. Il nous conseilla toujours la conservation de la prononciation adoptée légitimement en France et travailla à nous y maintenir. Séduits nous-mêmes, dans les premiers temps, par des apparences que l'étude devait dissiper, nous fîmes, de notre chef, à deux reprises différentes, une tentative de prononciation romaine (à l'italienne). Il nous en reprit assez sévèrement, et quand nous provoquions de nouvelles explications, avec un certain désir d'entendre une approbation, il nous répondait invariablement : « C'est sans aucune importance pour le chant, ce qui importe c'est de *bien* prononcer et d'accentuer comme il faut ».

Dom Pothier et l'abbé Rousselot ne se sont pas connus ; nous ne les avons jamais entendus parler l'un de l'autre. Une telle concordance de pensées entre les deux savants n'en est que plus frappante.

II

LANGUE PARLÉE, FAIT PREMIER

Il fallait poser le *problème* sur son vrai terrain, le terrain des faits. C'est pourquoi nous avons rappelé, dès le début, des faits qui établissent la distinction fondamentale entre le langage parlé et le langage écrit.

Cette distinction faite, il reste à montrer dans quels rapports vivent ces deux langages, si liés l'un à l'autre que nos grammaires ne pensaient pas à les séparer. Nous avons récité, et combien de fois, ces premières lignes de notre rudiment que le temps a rendu désuet : la grammaire est l'art de PARLER et d'ÉCRIRE correctement en français.

Écoutons l'abbé Rousselot : « Un préjugé assez répandu fait de l'écriture la règle d'une bonne prononciation, il faudrait, dit-on, prononcer comme on écrit. Le contraire serait plus juste. En tout cas la langue vivante, la langue parlée est indépendante de la langue écrite » (*Précis*, p. 105). Il importe donc de dissiper ce préjugé et de rétablir la vérité.

Il est indéniable que le langage parlé est, par rapport au langage écrit, un *fait premier*. Il appartient, pour ainsi dire, à la pensée elle-même, dont il est le dernier acte, le *terme* ; le travail de la pensée n'est *terminé* que quand l'idée est devenue *mot*, quand elle s'est traduite à l'extérieur en sons précisés par des articulations. Fait premier, au delà duquel nous n'avons pas à remonter [1]. Entre l'idée et le mot, il n'y a

---

1. On trouve sur cette question des détails fort intéressants dans un travail du P. Jousse, *Etude de psychologie linguistique*, dans les *Archives de Philosophie*, vol. II, cahier 4, Paris, Beauchesne, 1925.

rien : avantage primordial qui confère à la parole une primauté incontestable. En outre, pour confirmer cette priorité rappelons-nous que le langage parlé est un attribut essentiel à l'homme. Le genre humain ne se conçoit pas sans cet apanage ; un homme sans la parole est un anormal.

Il n'en est pas ainsi du langage écrit. L'humanité a été normale pendant bien des siècles, sans savoir ni écrire ni lire. Que d'efforts il en a coûté, et, — d'après les derniers rapports officiels, — combien encore aujourd'hui d'efforts, souvent inutiles, pour que tous les hommes puissent jouir des félicités promises à ceux qui savent lire et écrire!

Cette simple considération suffirait à établir un ordre hiérarchique entre les deux langages. Nous voulons cependant insister, car il semble que ce rapport de suzerain à vassal créé par les faits entre la parole et l'écriture, ait complètement échappé aux réformateurs, et il n'y a là rien de surprenant. Nous vivons actuellement autant avec l'écriture et l'impression qu'avec la parole. On lit par nécessité, par utilité, par distraction autant qu'on parle pour les mêmes fins, et chacun de nous compte dans sa journée souvent plus d'heures employées à la lecture qu'à la conversation. Quelle place occupent dans le monde d'aujourd'hui les journaux et tous les périodiques !... De là, une habitude d'aller de la parole à l'écriture, de l'écriture à la parole, comme sur le même palier. Dans l'usage ordinaire de la vie, ces deux modes d'expression, peuvent être considérés comme ayant une valeur égale : c'est normal et légitime quand il s'agit seulement de communiquer sa *pensée*.

Mais cette parité est étrangère à la question qui nous occupe, et nous n'y avons fait allusion que pour écarter non pas une objection, mais une impression irréfléchie, produite par l'importance de l'écriture dans notre vie moderne. Le fait profond, essentiel, est que langue parlée et langue écrite ne sauraient être mises sur le même pied. Ce serait une erreur de les traiter comme si elles étaient sœurs, avec des droits égaux

de réciprocité, à plus forte raison de donner à la lettre écrite
— voyelle, consonne — le commandement sur le son et l'articulation. Or c'est précisément ce que l'on fait dans le cas du
latin (langue écrite) quand on affirme que telle lettre, *u* par
exemple se prononce OU sans avoir établi préalablement que
le son OU a été représenté par le caractère graphique *u*.

Il faudrait, pour accepter pareille affirmation, établir les
propositions suivantes :

En premier lieu, les Latins avaient la sonorité OU et ils
n'avaient pas la sonorité U.

En second lieu, les Latins ont représenté dans leur écriture
toujours et exclusivement le son OU par la graphie *u*.

Or, non seulement ces affirmations sont dénuées de preuves,
mais on peut montrer que dans leur généralité, elles sont
faussses. Examinons-les, en effet, successivement.

Et d'abord sur le fait que les Latins ne prononçaient jamais
U, nous ignorons totalement comment les Latins prononçaient
les mots d'origine grecque qui contenaient υ. Sommes-nous
sûrs que le mot *optumus* orthographié *optimus* se prononçait
optoumous ? Il paraît au contraire à peu près certain que l'on
prononçait *optūmus*.

En outre, n'oublions pas qu'il y a OU et OU; lequel était
celui des Latins ?

Nous entendions récemment un défenseur acharné de la
prononciation romaine nous affirmer que le OU des Latins
anciens était le OU des Portugais modernes   affirmation,
en vérité, difficile à vérifier. Tout au plus montre-t-elle combien
l'abbé Rousselot avait raison en proclamant la difficulté du
problème.

Sur le second point — représentation constante par les
Latins de la sonorité OU par la graphie *u*, — rien de moins
assuré. Il y a même un certain nombre de mots dans lesquels,
au contraire, nous sommes absolument certains que la graphie
u ne représente pas du tout le son OU. Par exemple, le pronom relatif *qui, quæ, quod*, était prononcé par les Latins KI,

KOD et jamais QOUI. C'est sous cette forme qu'il est passé dans la langue italienne et dans la langue française. La première dit KI (écrit *chi*) ; la seconde dit QUI QUOI... [1]

Un dernier exemple typique d'un cas où la graphie *u* ne correspond certainement pas à la sonorité OU, nous est fourni par toute une série de mots en *um*, tels que : *poculum, donum*, dont l'épigraphie nous apporte les graphies suivantes : *pocolom, donom*, ce qui est une preuve évidente que les terminaisons en *oum* sont d'invention récente, italienne et non latine [2].

Pour les cas qui précèdent nous avons ainsi une certitude que notre thèse est véritable. Nous allons trouver dans les écrits des grammairiens eux-mêmes de tels éléments complémentaires de probabilité qu'ils achèveront d'écarter tout doute sur la légitimité de notre interprétation de la lettre en question.

Quintilien, dans le chapitre de l'*Institution oratoire* consacré à l'emploi des lettres, enseigne officiellement que les deux lettres *o* et *u*, s'écrivent souvent l'une pour l'autre et pour désigner une même sonorité — évidemment celle qu'on produisait et qu'on entendait de son temps [3].

---

1. Le maître romaniste, M. Terracher, recteur de l'Université de Dijon qui a bien voulu s'intéresser à notre travail suggère que toutefois cette prononciation KI, KE... semble difficile à admettre pour toutes les périodes du latin. En effet le fait que l'italien et le français prononcent KI et KE prouve que l'on a prononcé K*w*I K*w*E, jusqu'à l'époque de la formation des langues romanes : autrement on aurait en italien TCHI, TCHE et en ancien français TSI, TSE.

Je suis heureux de remercier à cette occasion M. Terracher non seulement de cette remarque mais de nombre d'autres dont j'ai fait mon profit au cours de ce qui doit suivre.

2. Il faut en dire autant de l'indication fournie par les schémas parus dans les Semaines religieuses pour toutes les autres lettres latines. D'après ces schémas, *c*, par exemple, se prononcerait TCH. L'affirmation que *c* se prononce TCH (par exemple *tchetchilia, tchitchero*) ne peut être acceptée qu'après avoir établi :

1° que les Latins avaient l'articulation TCH ;
2° qu'ils la représentaient toujours et exclusivement par le graphique *c*.

3. Il n'est pas inutile de rappeler ici qu'en latin $\bar{U}$ avait un son autre que $\breve{U}$ (qui tendait nettement vers O fermé) comme le prouvent presque toutes les langues romanes. C'est ce que montre d'ailleurs le tableau de la page 33 où les *u* des mots latins cités étaient tous des $\breve{u}$ par nature.

Les exemples abondent et nous y reviendrons dans les chapitres suivants. Présentement contentons-nous d'un seul, la terminaison des parfaits en *erunt* : *probaverunt, dederunt*, qui se rencontrent dans tous les verbes de la langue. Conformément au principe d'écriture posé par lui, Quintilien écrit en toutes lettres ces parfaits avec deux orthographes différentes : *probaverunt* et *probaveront, dederunt* et *dederont*. Ce sont pour lui deux formes écrites équivalentes d'un mot prononcé évidemment d'une seule et même manière par lui et ses contemporains. Dès lors, de quel droit prétendre que *probaveront*, écrit avec un *o*, représentait chez les Latins les sons émis par les Italiens modernes *probaverount* ? N'est-il pas aussi légitime de penser que ce *probaveront*, comme nous le prononçons en France est aussi latin que le *probaverount* des Italiens ?

C'est même la langue italienne qui nous incline à juger que cette seconde hypothèse est la meilleure. En effet, les deux mots cités par Quintilien se retrouvent chez nos voisins sous la forme *provarono, dierono*, — l'*o* étant conservé à l'exclusion de l'*u* — et il en est ainsi pour les parfaits de tous les autres verbes, *parlarono, temerono, partirono, andarono, beverono*.

Quintilien ne se borne pas d'ailleurs à étudier cette classe de mots; il passe en revue une série d'autres qui conduisent à des conséquences identiques, et ceci nous amène à préciser dès maintenant une distinction fondamentale qui pourra servir de conclusion à ces premières remarques.

Il est essentiel, en effet, de ne pas confondre la langue italienne avec le latin des Italiens. Les conditions d'existence des deux idiomes sont bien différentes et il faut se garder d'attribuer au latin des Italiens ce qui appartient exclusivement à leur langue nationale[1].

---

1. Il ne peut entrer dans notre plan de signaler toutes les péripéties de la longue agonie du latin finissant. Ceux de nos lecteurs qui s'intéresseraient à ces différentes phases les trouveront décrites dans le récent ouvrage de M. Ch. Beaulieu, *Histoire de l'orthographe française*, Champion, 1927.

La langue italienne est une descendante de la langue latine, à l'image de plusieurs autres. C'est à la langue latine que la langue italienne doit sa naissance, la propriété d'être devenue la langue d'un peuple et la majeure partie de sa phonétique, de ses sons et de ses articulations.

Ici, comme dans beaucoup d'autres cas, une langue sonore initiale a engendré d'autres langues sonores, entre autre celle des Italiens, avec possibilité de former des langues nouvelles dont les destinées varieront selon les temps, les événements et le commerce avec des peuples voisins.

Nous reconnaissons volontiers que la langue italienne touche ainsi de très près à la langue latine ; nous dirons même avec vérité et sans jalousie de sœur, que, malgré les grands événements qui ont marqué sa carrière si longue et si agitée, elle a gardé plus fidèlement qu'aucune autre, la ressemblance ancestrale et qu'elle a le droit d'en être fière. Toutefois l'illustre aïeule est bien endormie du dernier sommeil. Elle n'enfantera plus ; on jouit de ce qu'elle a laissé, mais on se passe d'elle, il le faut bien. Les siècles lui élèveront un superbe mausolée en témoignage de son passé glorieux ; on contemplera son portrait ouvré par des maîtres imagiers, mais sa voix est de celles que l'on n'entendra plus ; ou, pour être plus exact, elle ne peut plus nous donner, qu'il s'agisse d'Italie ou de France, qu'une collection de mots classifiée dans les dictionnaires. C'est là leur vraie place. Restant à la portée de ceux-là seuls qui, en dehors des besoins et utilités de la vie, veulent les rechercher en vue d'objets de pure spéculation, ils ne sauraient plus servir que sous la forme écrite et indépendamment de leur sonorité de jadis.

Tels des ustensiles hors d'usage soigneusement gardés dans un musée à l'abri des mains indiscrètes, ou encore des monnaies recherchées par les numismates mais qui ne sont pas plus acceptées à la Bourse qu'au marché.

Ainsi deux langues (parmi bien d'autres) — le français et l'italien — dérivées d'une langue mère — le latin — ;

deux langues — l'italien et le français — représentant ce que le temps a fait en deux pays du latin initial.

Et voici qu'on vient nous affirmer que, l'une d'elles offrant des garanties d'une transmission plus fidèle de l'idiome initial à travers les siècles, nous devrions négliger l'autre et nous référer à un seul exemple. De quel droit ? Et pourquoi ?

La principale des garanties offertes en faveur de la thèse italienne est que l'Italie contient le Latium et fut le berceau du latin, comme l'indique ce nom. Soit. Mais si on veut bien y réfléchir, comment se satisfaire d'une simple ressemblance étymologique ? Quels avantages confère au chêne séculaire le fait d'être sorti, il y a deux ou trois cents ans de tel gland, ou de tel autre ? La graine est-elle la seule source de l'énorme matériel que constituent les racines avançant chaque année davantage dans le sous-sol, le tronc, les branches, les feuilles renouvelées à chaque printemps ? La terre a fourni bien des éléments et l'air du ciel au moins autant !

De même, quels avantages confère au latin des Italiens du xxe siècle, le fait d'avoir été balbutié dans une région qui lui a donné son nom : *Latium, latinum* ?

Ce qui importe pour la parole sonnante c'est le grand théâtre dans lequel elle s'est exercée pendant ces vingt siècles : son activité, son action, sa fécondité dans le peuple, dans les écoles, dans les tribunaux, sur terre et sur mer. Or, de ce grand théâtre, l'Italie n'est qu'une partie et non la plus grande. Que le Latium s'y trouve englobé, ce peut être un sujet de gloire, mais pas de supériorité. En existerait-il une, serait-elle une raison suffisante pour nous départir du latin que les siècles nous ont donné à nous aussi et adopter une prononciation aussi étrange qu'elle est étrangère ?

Bien mieux, on nous parle d'une transmission plus fidèle, plus sûre, mais où y a-t-il eu transmission ? Nous n'hésitons pas à répondre qu'il n'y a pas plus de transmission dans le latin italien que dans le latin des autres nations latines. On verra plus loin le mode de translation des langues parlées, translation qui se fait par les organes de la bouche et par l'ouïe (vrai siège de la langue), translation qui a des lois et des conditions certaines. Mais dès maintenant, à la lumière de ce qui a été dit, comment expliquer une transmission en Italie de la *prononciation* du latin indépendante de la prononciation italienne ?

C'est par le *parlé*, par l'*entendu* de chaque jour, que la langue vit et se transmet. Or, on l'a vu plus haut, le latin, lui, est enfoui dans les dictionnaires pour le peuple italien autant que pour nous ; il est donc inexistant à l'état de *langue*. Au mieux pourrait-on imaginer que sa conservation fut l'œuvre des lettrés, mais là encore que d'impossibilités !

Il eut fallu pour ces lettrés une pensée, une volonté, une réalisation coordonnées. Ils auraient dû remonter les courants de la langue vulgaire, alors que non seulement ils n'étaient pas armés pour un pareil effort, mais qu'étant de langue italienne par la naissance, ils avaient assez de consacrer toute leur force à devenir précisément des lettrés.

Ces efforts, enfin, s'ils avaient existé, auraient été sans cohésion et, dès lors, sans efficacité.

En résumé, il n'existe aucune raison historique valable pour donner la préférence à une filiation du latin plutôt qu'à une autre. Rien ne conduit à admettre que la prononciation romaine soit la prononciation normale du latin.

Bien mieux, sur les points précis qui caractérisent cette prononciation, notamment la prononciation OU correspondant à la graphie *u*, nous avons vu que des exemples nombreux, tirés de la période vivante du latin prouvent que cette correspondance n'existe pas.

En conséquence il paraît difficile de voir dans la thèse discutée autre chose qu'une affirmation gratuite et sans soutien scientifique.

III

PREMIÈRE PÉRIODE D'UNE LANGUE :
ELLE EST SEULEMENT PARLÉE

Nous venons de voir dans le chapitre qui précède qu'une langue, *seulement écrite*, n'en est pas une.

Quitte à revenir plus tard sur le sujet, examinons maintenant la langue parlée et en particulier ses origines.

De la langue parlée, on a coutume de dire que c'est une *langue vivante*, soit qu'on veuille faire entendre par là qu'elle fait partie de la vie individuelle et sociale, soit encore qu'on la considère plus ou moins consciemment comme un organisme vivant ayant en lui son mouvement propre et subissant des lois auxquelles il ne peut échapper.

Une langue *parlée* est nécessairement une langue *entendue*. De là, pour elle, l'obligation du concours de deux organes vivants et d'ailleurs dépendants l'un de l'autre, *émetteur* et *récepteur*, appareil vocal et appareil auditif.

L'émetteur est constitué par la bouche (larynx, palais, langue, dents, lèvres).

Le récepteur est l'oreille, ou, plus exactement deux oreilles installées de chaque côté du visage, de manière à pouvoir récolter les sons venant de toutes les directions.

Disons tout de suite que, contrairement aux apparences, c'est l'organe récepteur qui commande.

Il est vrai que le mot même de *langage* semble vouloir rappeler de préférence la bouche et, par suite, voir en elle l'organe de premier rôle. Ce peut être exact pour le dialogue, ce ne l'est pas pour l'exercice personnel de l'idiome. En réalité, dans la première période d'une langue parlée, qu'il s'agisse du début même de cette langue ou du commencement de sa pratique par un individu, l'oreille règne seule. Elle est, dans le principe, le maître et le seul maître du langage ; c'est d'elle, et d'elle seule, que relèvent tous les sons.

Ceux-ci constituent son domaine naturel, essentiel. L'oreille n'est oreille que parce qu'il y a des sons, et les sons n'existent comme tels que parce qu'il y a des oreilles. La bouche elle-même, nous allons le voir, ne parle qu'en réalisant les sons qui lui ont été « soufflés » par l'oreille. Mais oreille et bouche ont besoin d'une formation spéciale : il faut leur apprendre à émettre et à recevoir. A nos mères incombe la charge de cette formation ; elles s'en acquittent avec quel dévouement, quel amour et quel succès ! Entrons ici dans les détails, car il s'agit d'un point essentiel.

« Dans l'enseignement maternel, cette double éducation se fait *en même temps en commençant par l'ouïe.* La mère parle, et l'enfant cherche à reproduire le son qu'il a entendu » (*Principes*, p. 1109).

De cette phrase de l'abbé Rousselot, il ressort, premièrement, que la formation maternelle est directe, c'est-à-dire que nos mères ne nous enseignent pas comment on parle, mais qu'elles nous apprennent à parler, «la mère parle et l'en- « fant cherche à reproduire »... Distinction importante : l'enfant doit être mis en état de savoir parler et non de savoir comment on arrive à parler ; il fait un apprentissage avec des mots complets, des sonorités définies sans aucune incertitude et non une étude, telle par exemple que celle à laquelle s'astreignait l'élève de Quintilien quand il s'efforçait de nuancer au gré du maître les diverses sonorités du mot *aeri.*

Cette formation n'est pas seulement *individuelle,* c'est celle de *l'enfant* par une *mère*, c'est-à-dire que, en regard de récepteurs ultra-sensibles, semblables à une cire molle non encore touchée, et susceptibles de recevoir les empreintes les plus délicates et les plus profondes, s'exerce une action rendue pour ainsi dire irrésistible par la tendresse.

La puissance de l'amour maternel s'applique à l'enfant, à l'exclusion de tout autre être, et l'enfant à son tour, absorbant celle-ci, sans la partager y correspond pleinement. L'amour de la mère appelle celui de l'enfant ; l'action de la mère provoque celle de l'enfant.

Une telle formation maternelle ne se fait pas dans un jour, elle demande du temps et un ensemble d'opérations qui se succèdent dans un ordre qu'on ne peut intervertir.

« En commençant par l'ouïe », dit l'abbé Rousselot.

D'instinct la mère s'adresse, en tout premier lieu, à l'oreille de son enfant. Force lui est de commencer par l'apprentissage de l'audition, car elle n'a pas d'action directe et immédiate sur les organes de la parole. L'appareil phonateur, en effet — la mère le sent bien, et il importe de le remarquer — est exclusivement sous la dépendance et à la disposition de l'enfant. Celui-ci ne pourra en faire usage qu'après plusieurs mois, lorsque les organes de l'audition auront été assez exercés et rendus capables d'entendre. Les organes de la parole, c'est l'ouïe de l'enfant qui les mettra en mouvement, comme dans une montre c'est le ressort moteur qui fait tourner les aiguilles et non pas la main de l'horloger.

Ceci explique pourquoi l'enfant ne parlera, ne chantera que s'il a entendu parler et chanter. S'il est sourd, il est condamné à rester muet toute sa vie, c'est la condition du sourd muet ! Il pourra peut-être émettre quelques sons, mais quels sons ! Tout professeur de chant, dans les écoles, sait bien ou devrait savoir que la chose capitale pour lui n'est pas la formation de la voix, mais bien la formation de l'oreille : apprendre à l'enfant à entendre. L'adaptation de l'appareil vocal est indépendante du professeur qui ne peut agir que sur l'appareil auditif. L'élève ne se corrige de ses défauts que s'il a pu entendre en quoi il pèche. La justesse et la fausseté sont plus dans l'oreille que dans la voix.

La mère livre donc à l'enfant pour qu'il en fasse sa propriété les diverses sonorités de sa langue. Mais celles-ci ne sont pas enregistrées aussitôt par le récepteur — qui est aussi le moteur ainsi que nous l'avons fait entendre — car l'ouïe, même chez les adultes, « s'impressionne lentement ». Il n'en va pas, en effet, de l'éducation des sens comme du maniement d'une plaque sensible, ou d'un disque de phonographe, deux substances mortes, destinées à recevoir une *seule* fois, une seule image, une seule empreinte.

A l'oreille de l'enfant se succèdent les sonorités sortant de la bouche maternelle ; elles sont variées, disparates, sans ordre ; impossible à lui de les débrouiller, de les classer. Les impressions qui en résultent sont fugitives, mal définies ; elles n'ont aucune netteté, aucune fixité, parce que les facultés auditives, perception et mémoire, que l'éducation doit exercer, ne sont encore que des aptitudes : l'enfant est dans l'impuissance d'acquérir. C'est seulement lorsque le sens auditif se sera développé en suivant les phases de formation des cellules du cerveau, que l'enfant pourra acquérir la connaissance distincte et durable des sonorités de la langue enseignée. Alors les centres « cérébraux » développés eux-mêmes par le travail de l'audition, seront assez puissants pour commander aux organes de la parole, et c'est à leur injonction que ceux-ci obéiront (*Principes*, p. 304).

Lorsque l'enfant commence à parler sous l'impulsion du sens auditif, s'ouvre une seconde période de son apprentissage pendant laquelle l'action de la mère va en s'amoindrissant progressivement, et celle de l'enfant en croissant jusqu'à atteindre l'affranchissement. Il semble même que l'enfant prenne désormais le premier rôle ; il met en œuvre les organes de la bouche, et en même temps il parfait, lui-même, la formation de l'ouïe puisque « c'est l'exercice des mouvements phonateurs qui affine l'ouïe et lui donne sa dernière perfection » (*Principes*, p. 313).

Cependant l'apport de l'enfant est jusqu'ici bien menu, et tendrait à s'effacer rapidement ; ses efforts risqueraient de s'égarer ; il les faut maintenir dans une voie déterminée. La mère est là, qui veille. En outre, de même qu'elle a contribué très directement à la formation de la mémoire auditive, elle présidera aussi dans cette seconde période à la formation de la mémoire des mouvements précis à effectuer pour produire tels et tels sons. A cet effet elle provoquera, encouragera, aidera les multiples répétitions de ces mouvements, répétitions nécessaires pour affermir les résultats. Travail assez semblable à celui de l'harmoniste facteur d'orgues, qui traite la bouche d'un tuyau déjà sonore en vue de lui donner le timbre, la force et la justesse. Travail de contrôle nécessaire qui assure la fidélité de la transmission et garantit la conformité du langage de l'enfant avec celui de la nation qui est la sienne. *Tantae molis erat...!*

Le résultat de cette formation si minutieuse et si laborieuse, en ce qui concerne le principal, est **définitif**, en quelque sorte *ne varietur*. De plus il se confond avec l'organe lui-même. Il est l'organe complet de la parole, comme le résultat du travail du jardinier est l'arbre lui-même. Celui-ci grandit mais reste dans sa forme première. Le tronc a grossi, seules les dimensions ont été modifiées. Il continue de nourrir les branches qu'il a produites et que le jardinier a dirigées, mais celles-là exlusivement. Les branches qui ne sont pas siennes et qu'on adjoindrait à sa ramure resteraient extérieures, embarrassantes et sècheraient bien vite. La greffe, opération délicate et qui a quelque chose de la chirurgie, ne se pratique que dans des conditions spéciales, propres à assurer la vitalité d'une branche minuscule, qui en se développant, à la manière lente et progressive des êtres vivants, donnera au tronc une ramure nouvelle, quelquefois d'une espèce différente. Il ne peut en être question que pour des sujets sélectionnés, jamais pour des forêts en plein rapport. Il ne faut pas oublier que dans la « diffusion de la prononciation dite romaine », on est en face d'une forêt de prodigieuse étendue.

Toutefois, remarque essentielle, la formation maternelle est toujours limitée.

La mère ne livre pas, en effet, à son enfant la totalité, mais seulement *quelques-uns* des sons accessibles au double organisme du langage parlé : ceux qu'elle possède elle-même, ceux de son pays. Car dans ce champ immense et varié à l'infini des sonorités et des articulations, les nations se sont réservé des secteurs ; autant de territoires particuliers plus ou moins étrangers les uns aux autres, parfois antipathiques, délimités par des frontières presque fermées, et qui sont les domaines des langues étrangères auxquelles nous consacrerons un chapitre spécial. Mais, dans un pays déterminé, les éléments du langage ont toujours un degré de solidité et de fixité qui leur permet de servir de communication entre citoyens d'une même nation. Nous n'avons pas chacun nos mots, chacun nos expressions, mais des mots et vocables qui ont été implantés chez chacun de nous avec une sorte d'immutabilité nécessaire.

Nos mères ne nous ont pas appris à parler en général, elles nous ont appris à parler une langue, qui, à cause de cela s'appelle la langue maternelle.

La langue maternelle appartient au peuple qui la parle.

À vrai dire, et à part quelques exceptions, c'est lui seul qui la parle avec perfection. L'abbé Rousselot n'acceptait pas, pour faire des expériences sur une langue, des sujets d'origine étrangère, quel que fut le degré de perfection apparente de leur prononciation. ·

Il ne faut rien moins que la formation maternelle pour que le langage remplisse enfin les fonctions auxquelles il est destiné. Parvenu à son état de perfection, ce langage doit, en effet, combiner son action avec celle de la pensée dont il est le terme, acquérir une souplesse et une agilité qui lui permette de ne faire avec la pensée qu'un seul acte, qu'il s'agisse de la diction des orateurs ou de la conversation des lavandières. Le mot latin *verbum* signifie aussi bien parole que pensée. Il n'y a, pour ainsi dire, ni *avant*, ni *après*, le but est la simultanéité complète.

Conclusions. — Nous ne parlons pas comme nous *voulons*, mais comme nous *savons*, le mot savoir ayant le sens de *être habile, être accoutumé à faire quelque chose*, sens qu'on lui donne dans les expressions : savoir jouer du violon, savoir jouer de l'orgue.

Nous avons, il est vrai, l'usage de la parole, mais les lois qui la régissent sont au-dessus de nous, nous ne pouvons que nous y conformer. C'est un mécanisme précis, minutieux, construit en vue d'un travail déterminé et commandé par un moteur, que nous pouvons à notre volonté interrompre ou mettre en jeu ; c'est tout ce qui dépend de nous.

Il est bien aussi en notre pouvoir d'en user d'une manière anormale, d'en abuser et fausser le fonctionnement. On le fait une fois, deux fois. Mais, vraiment, quel résultat attendre d'une mécanique constamment faussée !

La langue parlée n'est pas la langue disséquée, systématisée à laquelle nous ont habitués les grammairiens, gens occupés par profession à l'étude de la langue écrite, ainsi que l'indique leur nom, dérivé du grec *gramma*, caractère écrit, lettre. Il est vrai que la dissection n'est pas poussée bien loin : on croit en avoir fini quand on a ramené toutes les sonorités de cette langue à deux éléments, les voyelles et les consonnes. Or, les observations et les expériences de l'abbé Rousselot lui ont révélé, à côté de ces deux éléments, dont la distinction n'est ni aussi réelle, ni aussi fondamentale qu'on le croit généralement, une masse d'autres éléments, de moindre consistance. S'ils ont échappé à la classification rudimentaire reçue dans l'enseignement classique, ceux-ci n'en existent pas moins et constituent presque l'essentiel. Ce sont les harmoni-

ques qui donnent au son sa couleur. Ils concourent à la perfection, au charme de la langue et lui sont aussi nécessaires
que les chairs le sont au squelette pour faire un corps humain.
L'eurythmie et l'harmonie qui en dérivent sont le privilège d'une langue parlée, privilège dont sera toujours privée
la langue du grammairien.

L'homme vient au monde chair et os, il grandit tel. Sa
parole lui est donnée par la nature et par sa mère, aussi
chair et os; en grandissant tout se développe en elle, elle
devient la joie des causeries au foyer, la lyre du poète, le
verbe charmeur ou puissant de l'orateur. Que nous voici loin
des indications schématiques, sommaires, fournies par les
Semaines religieuses et les Revues musicales religieuses,
petites et grandes, tendant à créer une langue *squelettique*
autrement imparfaite que la langue réprouvée. C'est pour
le moins, dans le sens propre du mot, rechercher une langue
insipide. Quelques-uns y trouvent un plaisir de convention
que nous ne voulons pas discuter, mais les répugnances que
d'autres éprouvent nous paraissent légitimes et nous n'hésitons pas à déclarer que nous les partageons.

IV

Quel que soit le degré de solidité et de fixité que la formation maternelle ait donné à la langue vivante, celle-ci cependant, et précisément parce qu'elle est vivante, est soumise à la loi inéluctable de tous les êtres vivants, le passage constant par une série de changements successifs. Ce phénomène, dit de *l'évolution*, est trop connu pour que nous nous attardions à en démontrer l'existence.

Les langues, comme les peuples, naissent, évoluent et meurent. Quelques-unes, celles qui n'ont été que parlées, ont achevé rapidement le cycle de leur développement et elles ont disparu sans laisser d'autres traces que les emprunts que leur ont fait des langues d'une plus grande vitalité.

Mais a-t-on suffisamment songé aux conséquences qu'entraîne le fait de l'évolution ?

De ce que, durant une vie d'homme, les changements d'une langue sont peu sensibles, instinctivement on est porté à traiter l'évolution comme inexistante, la langue parlée comme un être immuable opposant victorieusement sa force de résistance aux actions destructives qui menacent son unité et son identité. On dira ainsi le *français*, pour désigner la langue française de ce temps, et on englobera consciemment ou non dans ce terme tous les français de tous les temps et de toutes les régions.

Nous disons de même le latin, oubliant que ce latin n'a pas été *un* mais *multiple*. On veut préciser en spécifiant le latin

parlé à Rome, dans l'ancien Latium, première patrie du latin.
On écarte ainsi les effets de l'évolution dans l'espace ; restent
toujours ceux de l'évolution dans le temps et ils sont consi-
dérables.

Nous verrons, à la fin de cette étude, dans quelles conditions
on peut dire qu'il y a un latin.

Rendons à l'évolution, c'est-à-dire au fait pour une langue
de parcourir le cycle de son développement naturel en passant
par des états différents qui se succèdent insensiblement, le
rôle de première importance qui lui revient.

C'est par l'évolution que le latin est devenu l'italien, langue
qui diffère assez du latin pour que le peuple en Italie ne parle
ni ne comprenne le latin. C'est par l'évolution que le latin
est devenu le français, langue qui diffère assez du latin
pour que le peuple en France ne parle ni n'entende le latin.
C'est par l'évolution enfin que le latin a formé des langues,
sœurs tant qu'on voudra, mais étrangères les unes aux autres,
autant par leur sonorité que par leur grammaire et leur dictionnaire.

Vouloir réciproquemment remonter directement — que ce
soit en matière de mots ou de sonorités — de l'état présent
d'une de ces langues modernes au latin initial, c'est aussi
oublier qu'il y a eu évolution, c'est-à-dire déformation certaine et par conséquent impossibilité de légitimer l'induction
tentée.

En particulier, dans l'élaboration qui se fit en Italie de la
langue latine au cours des siècles, nous constatons que la
plupart des mots écrits avec des $\bar{u}$ dans la langue mère, passè-
rent dans la langue dérivée avec le son O et écrits avec la
lettre *o*.

Si donc il n'y a que des OU dans le latin lu par les Italiens,
nous avons le droit de croire qu'ils ne viennent pas tous du
latin, mais qu'ils ont été mis par les Italiens eux-mêmes à un
moment quelconque de l'évolution de la langue italienne.
L'histoire des contacts de l'Italie et de la Germanie au moyen

âge suffirait au besoin à expliquer un tel phénomène que nous retrouvons aussi partiellement dans la langue française, mais il n'est point nécessaire de recourir à cette explication, car c'est un fait général que le timbre d'une voyelle brève est autre ou tend à devenir autre que celui de la même voyelle longue. Les langues romanes continuent ainsi $\bar{\imath}$ autrement que $\breve{\imath}$, $\breve{e}$ autrement que $\bar{e}$, etc.

Le tableau ci-dessous que nous avons eu la curiosité d'établir et où figurent seuls les mots d'une poésie célèbre destinée à la gloire de la prononciation en OU en témoigne suffisamment.

Les dix-neuf mots du poème Cuculus

	Dérivation italienne	Dérivation française
pullus	pollo	diminutif de poule, (prov.) polet, pollet, pollat, (XIII°) poulet.
puppis	poppa	popa (prov.), poupe.
pupa	poppa (sein)	
lupus	lupo	lopo (espagnol), loup.
rufus (?) étym. fausse	rosso (de *russus, rubes*, comme *jussus* de *jubes*)	(prov.) ros.
lutra	lontra	loutre.
ursus	orso	ors, ours.
columba	colomba	colombe.
turtur	tortora, tortorella	tourterelle (du diminutif).
turris	torre	tor, tour.
dulcis	dolce	(prov.) dolz, dos, dous.
mustum	mosto	(prov. esp. cat.) most, (XIII°) moust.
cursus	corso	cor (prov. bourg.).
musca	mosca	moche, mouche
multum	molto	molt, (XII°) moult.
furnus	forno	forn, for, four
surdus	sordo	(Berry, prov.) sord, (XII°) sourd, sord.
bucca	bocca	boche, bouche.

V

LE LANGAGE PARLÉ : LES LANGUES ÉTRANGÈRES

D'abord trois précisions préalables.

1° Chaque peuple possède une langue qui lui est naturelle ; il l'a faite pour lui, elle lui appartient. Il la qualifie de nationale, avec d'autant plus de raisons souvent que peuple et langue ont les mêmes limites géographiques. Les langues nationales des autres peuples, il les appelle langues étrangères, puisque les peuples qui les parlent lui sont étrangers.

2° Ces langues, nationales ou étrangères, sont parlées, vivantes ; elles sont le terme de la pensée de ces nationaux ou étrangers. Chacune d'elle est la langue parlée que nous avons décrite dans un chapitre précédent (chap. III). Elle est le produit de la formation maternelle. Elle subit la loi des changements perpétuels, de l'évolution ; et elle est plus ou moins susceptible d'une eurythmie et d'une harmonie qui lui sont propres.

3° Le latin, généralement, n'est pas dit langue étrangère. Il est la langue mère des langues parlées par les peuples néolatins, celles-ci devenues étrangères les unes aux autres sous l'action du temps et de l'histoire. « Le latin n'a jamais cessé d'être nôtre ».

D'autre part, il a été universellement cultivé dans toutes les nations du monde. Ceci lui donne droit à une considération spéciale. On le range parmi les langues anciennes qui appartiennent à tous ceux qui les cultivent.

*
* *

Les langues nationales ne sont pas seulement dites étrangères parce qu'elles appartiennent à des peuples étrangers. Nous avons dit (chap. III) que dans le domaine illimité des sonorités accessibles à l'organe vocal de l'homme, les peuples s'étaient fait chacun, par une sorte de sélection, une part, d'ailleurs assez restreinte si l'on s'en tient aux éléments plus évidemment distincts dont nous parlerons plus loin. Telle est la différence première, fondamentale, essentielle entre les idiomes qui se partagent les peuples.

Assez volontiers, et surtout dans le monde de ceux qui étudient dans leur pays une langue étrangère en faisant des thèmes, des versions et des exercices de grammaire, on est tenté d'admettre que l'unique différence entre la langue étrangère étudiée et la langue nationale réside dans le fait que les mots qui représentent de part et d'autre des idées analogues, comme extension et compréhension, ne sont point les mêmes ; on s'efforce donc d'acquérir promptement la plus abondante provision de ces mots nouveaux, en même temps qu'on apprend dans la syntaxe les lois particulières qui régissent leur emploi, tout ceci sans trop se préoccuper des sonorités particulières et différentes de chacune des deux langues.

En réalité, thèmes et versions appartiennent à l'étude de la langue écrite. Les langues étrangères parlées, non seulement usent de vocables et de règles grammaticales différentes, mais — point capital — elles ne rendent pas le même son. Ce sont des instruments à bouche, capables de reproduire la même mélodie, mais bien dissemblables : l'une sonne le bois, l'autre le cuivre. Un cornet à pistons ne sonne pas comme une flûte, et le jeu de ces instruments suppose des mécanismes bien différents.

On pourra expérimenter cette différence de sonorité soit dans l'ensemble, soit dans le détail.

Dans l'ensemble, et si on nous le permet, *grosso modo* :

Dans une gare frontière, un train est en partance pour l'étranger rempli d'Allemands qui rentrent chez eux. Montez dans un wagon dont les compartiments ne sont pas cloisonnés jusqu'en haut ; vous serez frappé par les sonorités nouvelles, insolites, plutôt désagréables que vous entendez. Lorsque vous aurez suffisamment goûté la note étrange qui résulte du mélange de ces sonorités perçues pour la première fois, descendez, et avisez un train en direction contraire destiné à rapatrier des Français. L'impression générale sera toute autre ; et il en serait de même si l'expérience se continuait sur un wagon uniquement rempli d'Italiens. Ces trois langues ne sonnent pas de la même manière.

Dans le détail :

Ces différences de sonorité, l'abbé Rousselot les a observées maintes fois avec son oreille avertie. Mais il ne s'est point contenté de les observer directement par l'audition. Il a voulu les soumettre à l'expérimentation et il a imaginé des appareils mis en jeu directement par l'organe vocal de sujets choisis avec soin dans des nationalités diverses. Il a obtenu, avec ses appareils enregistreurs, des tracés bien différents pour des sons qui, à première audition, paraissaient communs à deux ou à plusieurs langues étrangères. Ces tracés, il les a publiés dans ses ouvrages ; ils en sont la principale documentation, en même temps qu'une très intéressante illustration.

Cette différence, matériellement importante, entre les sonorités des langues étrangères, passe naturellement inaperçue pour tous ceux qui n'ont pas eu à réfléchir sur ces questions, soit qu'ils n'aient pas vécu à l'étranger pour y apprendre la langue nationale, soit que, même y résidant, ils aient été absorbés par d'autres préoccupations. Quant à ceux qui ne sortent pas de leur pays — et c'est à ceux-là que nous devons penser — ils sont prédisposés très profondément à ne pas même la soupçonner. Ils ont étudié, dès leurs premiers mois d'école, au sortir de l'apprentissage maternel, un alphabet composé d'une série ordonnée de graphies (signes écrits) auxquelles ils ont attaché les sonorités de leur langue nationale. Si, un jour, l'alphabet d'une autre langue européenne, en particulier néolatine, vient à tomber sous leurs yeux, comme cet alphabet est sensiblement identique au leur, ils appliquent aux mêmes graphies les mêmes sonorités. C'est naturel, et si l'on veut qu'il en soit autrement, il faut bien qu'on indique, aux très nombreux individus de cette catégorie, l'erreur dans laquelle ils sont, et le moyen de la corriger.

En ce qui concerne le sujet que nous traitons, les Semaines religieuses ont publié des schémas, contenant les indications jugées suffisantes par leurs auteurs pour que des Français puissent faire sonner la langue italienne (romaine) comme le feraient des Italiens (romains). A les croire, il suffirait de quelques changements, très peu nombreux, faciles, à la portée de tous, pour obtenir en peu de temps, quelques semaines, souvent moins, le résultat poursuivi. L'uniformité qui règnerait ainsi dans toutes les régions de la France rappellerait l'unité du langage malheureusement disparue au pied de la tour de Babel.

Il est évident, après tout ce qui a été exposé précédemment, qu'il n'en est rien, surtout si l'on considère que l'indication donnée partant de la langue française écrite (*eu* se prononce EOU) enseigne que, à une sonorité française il faut substituer une autre sonorité, différente de la première, mais non moins française qu'elle. Il ne peut en être autrement, l'ouïe du lecteur français ne connaissant que des sonorités françaises.

C'est à cette substitution qu'il faut attribuer les NOUSS et les COUM très français, pas du tout italiens ni romains, de la formule ordinaire : *Dominus vobiscum.*

*
* *

Étrangères entre elles, les langues étrangères sont pour nous qui les ignorons, étranges, déconcertantes, et par là nous voulons dire qu'elles ne s'adaptent pas à nos organes, pas plus au récepteur qu'à l'émetteur.

Elles ne s'adaptent pas à notre oreille.

Quand nous sortons des limites de notre formation maternelle qui nous a livré, à nous Français, environ 40 éléments facilement distincts (20 articulations, 22 sons, d'après l'abbé Rousselot), notre oreille est en déroute, perçoit difficilement, souvent ne perçoit pas du tout, ou perçoit mal ; si elle perçoit, elle n'apprécie pas, elle ne distingue pas exactement le juste du faux ; elle ne juge pas, elle est incapable de contrôler, moins encore les sons qui sortent de la bouche qu'elle commande que ceux qui sortent de la bouche d'autrui ; incertaine, imprécise, elle est comme égarée, parce qu'elle n'est plus dans son clavier qui est *elle-même*, clavier dont toutes les cordes ont été déterminées, ajustées, accordées par le travail lent et précis que nous avons décrit.

Deux exemples mettront en lumière ces constatations.

Nous avons tous entendu des Allemands, vivant en France depuis de longues années, parler français avec ce que nous appelons improprement l'accent allemand. Quel français ! Et sans y réfléchir davantage nous avons attribué ce langage barbare à l'organe vocal. En réalité, c'est l'oreille qui est en défaut et qui n'entend pas. Demandez à l'un d'eux de prononcer le mot *joli* ; naturellement, et avec le plus grand désir de vous montrer comme il sait bien parler notre langue, il vous fera entendre très distinctement : *choli*. Répétez, articulez plus nettement ; avec autant de bonne foi et de conviction, il dira encore : *choli*. Si vous insistez, vous l'entendrez redire, non sans quelque impatience : « Mais je dis bien (che tis pien) *choli* ! » Tout le monde, placé dans les conditions voulues, peut faire cette expérience. L'articulation du *j* français dans *joli*, du *g* dans Georges n'existe pas dans son clavier auditif. Il perçoit, il est vrai, une articulation, mais il ne la différencie pas, il entend à peu près, il entend faux. C'est son oreille qui n'y est pas, et qui devra être formée à nouveau par un second apprentissage, lent, progressif, à l'instar de ce qui a été fait une première fois, lorsqu'il s'est agi de sa langue maternelle.

Autre exemple pris dans le sujet même qui nous occupe : le mot latin *autem* pour lequel on nous enseigne la prononciation AOUTEM, et qu'un grand nombre naturellement décomposent en trois syllabes distinctes A-OU-TEM, à la façon dont les Anglais qui veulent parler français correctement et élégamment, prononcent le mot *moi* en deux syllabes : *Moâ*.

Il ne peut en être autrement. Voici les explications données (*Semaine religieuse de Lyon*, 27 avril 1917) :

« *Au* et *eu*, voyelles composées, deviennent diphtongues... » (Remarquons, avant de continuer, que la chose sonore, appelée diphtongue, est chose complexe, et l'emploi de ce mot n'est pas sans danger de confusion et d'erreur. Cf. abbé Rousselot, *passim*). « ...et se prononcent en faisant entendre *distinctement* le son de *deux voyelles*, quoique d'*une seule émission* de voix : *laudate* : *laoudate* ; *aurum* : *aouroum* ; *autem* : *aoutem* ; *heu* : *héou* ; *Eucharistia* : *Eoucharistia* ».

Nous avons souligné trois expressions : *distinctement, deux voyelles, d'une seule émission de voix.*

Deux voyelles distinctes : indication très claire, que je saisis aussitôt, et je prononce si bien, avec un tel désir de perfection deux voyelles distinctes, que, à mon insu, j'ai donné à chacune d'elles la valeur sonore d'une syllabe. Peut-être, s'il m'arrive de lire un poète, Virgile, Horace, ou même saint Ambroise avec quelque souci du mètre, je m'apercevrai que certains vers deviennent faux, et j'en aurai de la gêne.

Mais, me dit-on, prononcez ces deux voyelles d'une seule émission de voix ; et pour me faire mieux saisir, on écrit au tableau noir les trois lettres, en les surmontant, comme en musique : *a͡ou*, d'une liaison qui les enserre dans une étroite unité. On montre à mes yeux, avec une très grande précision, *comment* il faut faire. Mais pour que je *fasse*, il me faut user du mécanisme de la parole, mécanisme qui n'est commandé que par le sens de l'ouïe. « Ce sont les images auditives qui déclanchent le mécanisme de l'articulation » (*Principes*, page 313), de même que le mouvement d'horlogerie détermine la marche des aiguilles sur le cadran. Or l'ouïe n'entend que ce qu'elle connaît. Je connais et entends A français, je connais et entends OU français, je réalise ces deux sons en leur donnant une individualité d'autant mieux marquée que je mets plus de bonne volonté, plus de soin à parler à la romaine (à l'italienne). La prescription « d'une seule émission de voix » ne correspond à rien de ce que mon oreille peut apprécier, juger, contrôler. Je cherche sans trouver ; j'hésite et ne sors d'embarras qu'en prenant le parti de « ne pas faire si bien », en me laissant aller à l'à peu près !

Littré voulant donner un exemple de ce que les grammairiens appellent triphtongue s'exprime ainsi : « Syllabe composée de trois voyelles qu'on fait entendre en une seule émission de voix. *Miaou*, onomatopée du cri du chat, offre une triphtongue ». Mais quand, dans l'article qu'il consacre à la triphtongue citée, le même auteur veut en indiquer la prononciation exacte, il a bien soin de noter séparément *mi-a-ou*, en réalité trois syllabes. En somme le *aou* de la *Semaine religieuse de Lyon*, *d'une seule émission de voix* sera entendu et prononcé par les lecteurs français exactement comme le *a-ou* de Littré. C'est qu'en effet, si certaines sonorités OUA, OUE (wa, we) avec toutes leurs nuances et ne formant en réalité qu'une seule syllabe nous sont très familières (oie, loi, foi, face, fouet, poire, François) il n'en est plus de même pour les sonorités AOU, EOU. Un français entend et réalise très bien les premières qui sont françaises ; pour entendre et réaliser les secondes, il faudrait que son clavier vocal pût être augmenté par une formation directe qu'il ne peut faire seul ; et si elle est faite par un autre, il est bon d'observer qu'un sourd n'enseigne pas mieux un sourd qu'un aveugle ne conduit un aveugle.

Arriverait-on à un résultat pratique plus satisfaisant, dans le cas de *autem*, en faisant observer que l'*a* seul représente un vrai son, et que dans une tenue chantée, une ronde par exemple, c'est l'*a* qui doit sonner pendant toute la durée de cette ronde, l'*u* (OU) représentant la demi-articulation qui termine une syllabe fermée (*autem* = *aotem*)? nous ne le croyons pas. On n'apprend pas à parler une langue par la grammaire, non plus que par l'étymologie et le dictionnaire.

Ce qui précède nous entraîne à présenter deux observations. Nous restons sur le terrain des faits que chacun peut constater. A dessein nous écartons la philologie et nous nous bornons aux exemples nécessaires pour faire comprendre notre pensée.

1° La sonorité que les anciens latins représentaient par *au* est depuis bien longtemps orientée vers la sonorité pure, O. *Si audes*, chez Cicéron et Quintilien est devenu, par abréviation un seul mot, *sodes*, que l'un et l'autre citent à leurs disciples ; et dans cette locution, nous sommes plus sûrs de l'*o*, que nous ne sommes sûrs de SI AOUDES. Ici nous pourrions multiplier les exemples, si nombreux dans les recueils d'inscriptions latines.

Nous accusera-t-on de fantaisie ? Mais ne faut-il pas attribuer à la constante orientation de *au* (AOU) vers le son *o*, ce fait que l'onomatopée citée par Littré ait produit non pas *mi-a-ouler*, mais *miauler* (*mioler*) ?...

2° La *Semaine religieuse de Lyon* impose en particulier la prononciation *laoudare, aouroum*, pour les deux mots latins *laudare, aurum*. Or les Italiens, dans leur langue maternelle, prononcent et écrivent *lodare, oro*, le premier avec un *o*, le second avec deux *o*. On peut vérifier à l'aide du dictionnaire italien.

La prononciation *lodare, oro* est authentique, directement et normalement dérivée de la langue parlée par les anciens Latins. Nous la trouvons même dans notre vieux français *loder, loer* ; la graphie *louer* n'apparaît qu'au XVe siècle. Nous n'avons pas de peine à avouer que, ici, l'italien est le plus proche du latin.

Il n'en est pas de même de *laoudare* et de *aouroum*, qui sont factices. Ce sont des adaptations italiennes, en vue de la lecture, à la langue *écrite* dont les Latins nous ont laissé les signes. La prononciation *Eoucharistia* donnée par la même *Semaine religieuse de Lyon* pourra même paraître une énormité : mais qu'on se rassure, ce mot qui est venu directement d'Orient en Occident sans renoncer aucunement à sa nationalité grecque, on ne l'entendra pas dans nos églises, prononcé à la romaine (à l'italienne) car il ne figure nulle part, dans l'antiphonaire et son emploi dans le bréviaire est exceptionnel [1]. Ce qu'on veut nous imposer est *italien*, étranger, et n'est en aucune manière la langue de l'Église, ainsi que nous le verrons dans la suite.

Les langues étrangères ne s'adaptent pas davantage à notre organe vocal.

Notre bouche — ensemble des organes phonateurs — a pris une forme particulière au moment de la formation maternelle, et au cours de la vie, par suite du travail, constamment le même, nécessaire pour produire les sonorités et les articulations de notre langue. Elle s'est comme progressivement durcie avec l'âge, de manière à ne pouvoir plus se modifier. C'est ce qu'exprime d'une manière assez pittoresque, le dicton : « Cet homme parle comme le bec lui a poussé » [2].

Par suite de ce fait, certaines articulations surtout sont devenues impossibles, d'autres restent difficiles. De là des efforts pénibles, des insuccès ; des exagérations, des atténuations ; des hésitations, des méprises, des embarras ; des incohérences, des inharmonies dont la liste, sans sortir des réalités, serait bien longue et risquerait fort d'être incomplète.

---

1. Le cardinal Perraud a eu, il est vrai, l'initiative de faire placer l'invocation : « *Per Sanctissimæ Eucharistiæ institutionem* » dans les litanies du Saint Nom de Jésus : mais il eut, le premier, protesté contre le mode de prononciation en question. Nous avons été le témoin nous-même de la sévérité avec laquelle il blâma une communauté religieuse qui avait adopté la prononciation à l'italienne et l'obligea à l'abandonner.

2. *Er spricht wie ihm der Schnabel gewachsen ist !*

De là des incapacités à une prononciation normale, des répugnances légitimes qu'il n'est peut-être pas utile de provoquer. Si quelques-uns désirent se soumettre à un régime vocal qui restera toujours imparfait, fruste et exceptionnel, peuvent-ils raisonnablement et charitablement y soumettre leurs frères, dans des fonctions publiques ouvertes à tous ?

Au surplus, je ne puis me retenir de citer ici comme conclusion des observations précédentes une page de l'abbé Rousselot. Elle confirme tout ce qui vient d'être dit, en termes qui me semblent définitifs :

« Toutes les langues renferment des sons difficiles à reproduire pour ceux qui ne les ont pas parlées dès l'enfance, à tel point que des personnes même très cultivées conservent toute leur vie, dans leur prononciation, des particularités défectueuses de leur province ou de leur nationalité. Toutes les langues en effet apprises un peu tard s'accommodent à l'idiome maternel dont elles empruntent en grande partie l'idiome phonétique : c'est pour cela que dans sa prononciation se trahit, souvent dès la première syllabe, l'indigène de telle province ou de tel pays. L'oreille reconnaissant dans les langues étrangères des sons voisins de ceux auxquels elle est accoutumée n'est pas frappée de la différence ; et l'œil, trompé par l'écriture, persuadera une identité qui n'existe pas. Mais l'homme dont on parle la langue ne partage pas les mêmes illusions. Et s'il est assez poli pour n'en pas rire, si même il proteste de son admiration, qui peut bien être sincère, il n'en sent pas moins d'une façon certaine qu'il a affaire à un étranger » (*Principes,* p. 1118-1119).

Si nous appliquons à la langue latine prononcée à la romaine qu'on souhaiterait imposer, les notions qui ont été définies dans ce chapitre, nous sommes amenés à la caractériser ainsi :

1° Cette langue est une langue nouvelle, conventionnelle,

factice, artificielle ; elle n'est point naturelle, elle introduit
des sonorités et des articulations très imparfaitement romaines (italiennes), qui ne sont familières ni à celui qui parle
ni à celui qui entend ; disons plus, elles peuvent paraître
étranges à l'un et à l'autre.

2° Cette langue née hier, est adulte du même jour. Tout
s'est fait pour elle en dehors des siècles qui préparent et
façonnent. Elle est sans passé et ne connaît que le présent.
Mais qu'on y prenne garde ! quel est son avenir ?

Le temps, qu'on le veuille ou non, saisit toutes les créatures
et les entraîne, irrésistiblement. Aux êtres vivants il donne
au jour le jour, et conformément aux lois naturelles qui les
régissent, l'accroissement, le progrès, le perfectionnement.
C'est pour eux une série de changements qui va du bien au
mieux. Ils se développent, ils évoluent. Pour les êtres inani-
més, et pour les êtres vivants qu'on a soustraits aux conditions normales de la vie, c'est la marche en sens contraire :
les diminutions successives, le dépérissement jusqu'à la ruine
et l'anéantissement ; la pierre exposée aux intempéries
s'effrite, la fleur coupée au ras du sol et repiquée sans racines
se fane et sèche.

C'est le cas de cette langue nouvelle : si peu implantée dans
nos organes, elle est incapable de s'y développer et de se
perfectionner. Son meilleur moment est le premier : c'est le
temps de la vigilance et des efforts, bientôt remplacé par la
moindre action. Ce n'est plus le temps de la formation.

Qu'on ne se leurre pas en se répétant : dans quelques années,
lorsque nous serons habitués, les insuccès, les mécomptes
et autres inconvénients signalés auront disparu. Comme si
une habitude, une routine devenaient bonnes du jour où on
est arrivé à les posséder !

Cette langue n'est pas *nationale*. Les auteurs du mouvement
ont entrepris de doter l'Église de France d'une langue cul-
tuelle, inconnue jusqu'alors, qui contraste singulièrement
avec la prononciation nationale. La disparate devient écla-

tante (nous n'avons pas dit choquante) quand un prédicateur se croit obligé d'illustrer (d'orner) son discours par des citations latines prononcées à la romaine (italienne).

Au lieu de dire notre pensée, laissons parler un homme du monde qui juge dans le même document, et l'essai infructueux de l'Université au commencement de ce siècle, et la pratique qu'on veut nous imposer dans les églises de France. M. Audollent, doyen de la Faculté des lettres à Clermont, écrivait, en date du 8 octobre 1917 ce qui suit :

« ...Venons maintenant à votre question sur le latin, ou plutôt sur sa prononciation dans l'Université. En un mot, c'est le gâchis, ou, si vous aimez mieux, c'est l'anarchie dans toute sa beauté. La majorité, il me semble, des professeurs de l'Enseignement supérieur a, depuis une dizaine d'années adopté une prononciation rationelle de la langue, assez voisine de ce que devait être celle des anciens. Sur leurs instances — et mon camarade Macé, de Rennes, fut l'un des protagonistes du mouvement — le ministre consentit à faire une espèce de réforme dans l'Enseignement secondaire. Cela se passait en 1910. Mais nos collègues des lycées et collèges, les uns par apathie et horreur de changer leurs habitudes, les autres pour diverses raisons un peu plus acceptables, s'en tinrent à l'usage traditionnel. De sorte que bientôt, cédant à cette force d'inertie, le ministre retira sa précédente circulaire.

« Actuellement, il n'y a guère que certains établissements religieux qui maintiennent la prononciation faussement dite romaine, en réalité italienne, et par conséquent nationale, comme la française, l'anglaise ou l'allemande. Partout ailleurs, si je suis bien informé, on est rentré dans l'ornière. Vous voyez que la réforme est quasi nulle.

« Quant à la proposition adoptée par le clergé dans certains diocèses, soi disant pour plaire au Pape... mieux vaut n'en pas parler. Rien de plus comique ou de plus triste, comme vous préférerez ».

VI

DEUXIÈME PÉRIODE :
LA LANGUE EST EN MÊME TEMPS PARLÉE ET ÉCRITE

Pendant que le langage parlé est en plein exercice, en pleine vie, l'écriture, qui représente les sons et articulations par des signes dessinés à la main, fait son apparition : deux langages destinés à vivre ensemble et à se rendre de mutuels services.

L'écriture, plus stable que la parole qui vole, arrêtera la rapidité de l'évolution de celle-ci, et donnera à la langue de la fixité. Elle portera la parole au loin, aux absents. Elle conservera cette parole qui passe et en fera bénéficier les siècles à venir. Elle pourra même vivre seule, puisque en bien des circonstances la lecture, la correspondance par écrit, remplaceront avec avantage le langage parlé, nécessairement limité par la portée restreinte de la voix.

Il importe de remarquer que ce nouveau mode de communication n'est point en correspondance directe, nécessaire, avec la pensée dont il n'est ni le terme, ni le signe immédiat, ce qui est le privilège du langage parlé. Par lui-même il ne représente ni les concepts de l'intelligence, ni les mouvements de la pensée. Il est le signe immédiat des sons et des articulations de la parole. La lettre A représente un son ; un ensemble de lettres représente un ensemble de sons, qui en réalité pourraient n'avoir point de sens pour celui qui les prononce, comme seraient les formules employées dans les abécédaires en usage dans les classes de petits enfants. L'écriture est une peinture conventionnelle des sons, et c'est par les sons que, en dernière analyse, elle remonte médiatement à la pensée.

Remarquons également que le langage écrit est sorti du domaine de l'ouïe, qui est, comme nous l'avons dit, le domaine des sons, pour entrer dans un nouveau domaine, complètement étranger aux sons, le domaine de l'œil, celui des formes et des couleurs, domaine très vaste, dont la pensée bénéficiera dans des proportions énormes, que l'imprimerie et les inventions modernes multiplieront encore.

Ce langage n'exigera pas la même formation individuelle que nous avons vu être celle nécessaire au langage parlé, plus intime, où la mère était seule avec son enfant. Cette formation plus tardive sera confiée à un maître qui aura devant lui une collectivité plus ou moins mêlée : l'œil apprendra à reconnaître les lettres, la main à les dessiner. Le silence favorisera l'attention nécessaire pour agir dans un domaine moins naturel que celui de l'oreille et de la parole.

De ce qui a été dit dans les premières pages et de ce qui précède, il suit que les lettres, élément aussi important qu'on voudra, ne sont qu'un élément second, dépendant toujours du premier, et obtenu par une *traduction*.

Que vaut donc la traduction ?

« Pour que la traduction des sons fut fidèle, il faudrait — nous citons l'abbé Rousselot — un seul signe pour un son, un seul son pour un signe » (*Principes*, p. 327). De là, la nécessité d'avoir des alphabets possédant autant de signes écrits pour l'œil qu'il y a de sons perçus par l'oreille.

Or nos alphabets sont particulièrement insuffisants. « Chacun, dit l'abbé Rousselot, connaît leur fastueuse indigence ». Ailleurs : « L'insuffisance de l'alphabet français est notoire malgré sa prodigalité de signes et de combinaisons ».

Le passage de Quintilien, auquel nous avons fait déjà allusion, nous montre qu'il en est de même pour l'alphabet latin, lequel d'ailleurs est sensiblement semblable au nôtre. « Il est

certain qu'il y a un son intermédiaire entre les deux lettres
U et I, car nous ne prononçons pas *optimum* comme *opimum*,
et dans le mot *here* (*heri*, hier) on n'entend pleinement ni
E ni I... Le B a tenu lieu aussi d'autres lettres dans certains
mots. On a dit *Burrhus*, *Bruges* et *Balœna* pour *Pyrrhus*
Phryges et *Phalœna*. De *duello* on a fait *bellum*, d'où quelques-
uns ont eu la hardiesse de dire *bellios* pour *duellios*... Il ne
faut pas s'étonner si sur les vieux monuments de notre ville
et dans les temples antiques on lit *Alexanter* et *Cassantra*,
L'O et le U (V) n'ont-ils pas été souvent employés l'un pour
l'autre ? On écrivait *Hecoba* et *notrix Culchides* et *Pulixena*,
et cela non seulement dans les mots grecs, mais aussi dans
les mots latins *dederont* et *probaveront*. C'est ainsi que du
grec *Odusseus* est venu notre *Ulysses*. Enfin l'E n'a-t-il pas
été mis à la place de l'I dans *Menerva*, *leber* et *magester*, et
Dijove et *Vejove* pour *Dijovi* et *Vejovi*. Mais c'est assez, je ne
veux pas faire un Traité, mais seulement avertir ceux qui
sont chargés d'enseigner » (*Instit. Oratoire*, liv. I, ch. iv).

Plus loin, pages 55 et 56, toute une série de mots qui
s'écrivent autrement qu'ils ne se prononcent, *quæ scribuntur*
aliter quam enunciatur... Au surplus : « l'orthographe est soumise à la mode, et c'est pour cela qu'elle a souvent changé. »

Toutes ces indications nous révèlent des hésitations, des
imprécisions dans la manière dont les Latins représentaient
les sons.

Dans ces conditions, comment revenir avec quelque sûreté,
et aussi avec quelque unité au fait premier, la sonorité, représenté dans l'écriture avec si peu d'exactitude ?

Mais dans une langue parlée il n'y a pas seulement des sons
et des articulations, traduits dans l'écriture d'une manière
si imparfaite ; l'abbé Rousselot nous révèle — on l'a déjà vu
plus haut — dans le langage parlé, des éléments qui échappent
à l'écriture et cependant sont des facteurs de la sonorité
d'une langue, bien qu'ils ne soient perçus d'une manière
tincte que par des auditeurs avertis et attentifs. « Il manque

des signes pour peindre aux yeux l'état précaire de sons qui sont en voie de naître ou de mourir » (*Précis*, p. 332). Ailleurs : « Je m'occuperai successivement des voyelles, des semi-voyelles, des consonnes, des sons indéterminés, restes d'articulations antérieures, ou germes d'articulations nouvelles en voie de développement » (*Ibid.*, p. 645-646).

Comme ces observations confirment bien tout ce que nous avons dit sur l'état instable d'une langue parlée, en même temps qu'elles nous montrent l'imperfection forcée de la langue écrite !

Une autre cause du défaut de correspondance entre l'écriture et la parole vient de la différence des coefficients d'évolution de l'un et de l'autre langage. L'écriture évolue moins vite que la parole, il y aura toujours un retard de la première sur la seconde, de là une différence qui ira en augmentant sans cesse avec le temps. A supposer une conformité parfaite au point de départ, après un nombre d'années que nous ne précisons pas des différences notables se seront produites. Le mot *tempus* ne conservera dans sa prononciation française qu'une articulation et un son nasal, temps, tandis que sa graphie aura conservé la lettre *p*, signe d'une articulation tombée, et de même la lettre finale *s*. Le son représenté par les deux lettres *em* s'est altéré. L'écriture est restée telle ou à peu près, le mot parlé a pris les devants cependant que l'écriture suivait de bien loin. Les langues dérivées, l'anglais en particulier, donnent de ce fait une démonstration particulièrement frappante.

Au milieu de toutes ces divergences entre les deux langues écrite et parlée, dans quelles conditions pourra se faire normalement le retour de la langue écrite à la langue parlée à haute voix, car la lecture en silence n'est pas ici en question ?

Le Français qui *lit à haute voix* une page de français, lit en réalité *par-dessus* les mots, car ceux-ci ne lui représentent que bien approximativement les sonorités qu'il devrait faire entendre. Il a plutôt devant les yeux un aide-mémoire imparfait, mais suffisant : il est plus entraîné par son oreille et sa langue que par son œil. « Ce sont les images auditives qui déclanchent le mécanisme de l'articulation, et en modèlent le fonctionnement » (*Principes*, p. 313). Il reconnaît les mots sans en lire toutes les lettres. Parmi celles-ci, il supprime avec discernement, sans même y penser, celles qui sont sans valeur et conserve les mêmes lettres lorsqu'elles représentent une sonorité : les poules *couvent* souvent. Il modifie, selon l'usage auquel il est rompu, le son ou l'articulation de la même lettre : d'instinct il dira *neu* chevaux et *neuv* hommes, supprimant l'articulation *f* dans le premier cas, la modifiant en *v* dans le second cas. Il différencie des graphies parfaitement semblables : Rouen, rien (Rouan, riin), les quatre *fils* Aymon, les *fils* de la Vierge. Il ajoute, si besoin est, une lettre qui ne figure pas à sa place : entre quatre-z-yeux [1], ou en supprime une autre s'il est nécessaire : « que nous eussions, que nous fussions ». On pourrait multiplier les exemples et en présenter des feuilles entières.

Plaçons maintenant, en face d'une page d'allemand ou d'anglais, ce même lecteur français, qui ne connaît des deux langues que les alphabets, sensiblement pareils au nôtre. Il est dans le plus grand embarras, et il n'a qu'un moyen d'en sortir, c'est de partir pour Londres ou Oxford, Cologne ou Munich, de consacrer un an ou deux à parler la langue dont jusqu'alors il n'a connu que les lettres. A son retour il lira assez correctement, assez facilement la langue, qui désormais pour lui est une langue en même temps écrite et parlée.

Enfin devant une page de Cicéron ou de saint Augustin, mettons trois lecteurs : un Italien parlant le latin à sa manière, un Français parlant à la manière italienne, et un autre Français parlant à la française. Supposons que nous puissions constituer un jury composé de Latins ayant vécu dans l'antique société romaine. Encore faudrait-il s'entendre pour le

---

1. Cf. Littré, Œil, 11°.

choix des membres sur le degré d'évolution de la langue et sur l'époque à laquelle appartiendrait chacun d'eux. Mais laissons de côté ce point de vue qui n'est cependant pas sans importance et cherchons auquel des trois lecteurs pourraient bien aller les préférences des jurés.

La situation de ceux-ci me rappelle involontairement celle d'un aumônier français qui, au cours de la guerre de 1870, exhortait un mourant dans une ambulance occupée par des blessés allemands : il y employait le peu de langue germanique qu'il avait appris au collège, quand tout à coup, il s'interrompit, doutant de lui, et s'adressant au camarade voisin, avec lequel il s'était entretenu en français quelques minutes avant : « Mais... est-ce que c'est bien de l'allemand que je lui dis » ?

N'est-il pas vraisemblable que ce serait là aussi le ton de la réponse de notre jury : « Est-ce que c'est bien du latin qu'ils nous disent tous les trois » ?

Pour le fonds du jugement, nous nous croyons autorisés à présumer que le lecteur français prononçant à la française et le lecteur italien prononçant à l'italienne seraient mis sur le même pied, peut-être avec quelque avantage pour l'Italien, avantage dont le Français ne serait ni jaloux ni froissé. Ils parlent l'un et l'autre avec l'harmonie de leur langue maternelle, à laquelle ils ont été respectivement formés ; harmonie qui n'est pas, il est vrai, l'harmonie de la langue latine, mais qui est un produit naturel de leurs organes ; ils peuvent l'apprécier, la contrôler et ceci avec assurance et liberté, sans même y prendre garde. Quant au lecteur français qui use pour le latin d'une prononciation à laquelle ses organes, l'oreille et la bouche, n'ont pas été dressés, prononciation qu'il est aussi incapable d'apprécier que de contrôler, il est évidemment en infériorité ; il parle contre nature, nécessairement avec quelque gêne (*Tchetchilia, Tchitchero*, alors qu'il est habitué à dire *Cécile, Cicéron*) et le jury nécessairement constatera que ce latin lui semble encore plus étrange que celui des deux autres.

De toutes manières, ce même jury ne pourra indiquer à ces trois lecteurs dans quel pays, au milieu de quel peuple ils pourront apprendre à parler, à prononcer le latin. Car le latin est arrivé depuis longtemps déjà à la dernière période de son existence : il n'est plus parlé, nulle part ; et aucun peuple, même le peuple italien, ne saurait enseigner aux autres une prononciation perdue pour lui aussi bien que pour les autres peuples.

VII

TROISIÈME PÉRIODE : LA LANGUE MORTE

« Lorsqu'une langue cesse d'être parlée et qu'elle n'existe plus que dans les livres, elle est une langue morte ». Ainsi parle Littré.

Le latin est bien une langue morte. Dans toute l'Italie, dans l'ancien Latium, dans la ville de Rome, les mots latins ne sont pas la fin, le terme de la pensée des habitants. L'acte commun de la pensée et de la parole, le *verbum*, n'est pas latin. Dans le Latium, à Rome, les mères ne forment plus les organes de la parole (oreille et bouche) de leurs enfants à la langue latine ; les enfants ne parlent pas latin. Cette langue n'est la langue maternelle d'aucune région de la péninsule. Elle ne sert nulle part aux usages de la vie quotidienne, conversations, affaires, négoce, industrie, politique, ni dans l'ensemble des relations qui constituent la vie d'un peuple.

Le latin n'est plus, en Italie comme ailleurs, que dans le domaine des yeux. Le fait premier est la lecture, suivie ou non de la parole aventurée ; le latin n'évolue plus.

Les habitants de l'Italie et de Rome ne le parlant plus sont incapables d'en enseigner la prononciation qu'ils ne connaissent pas plus que les autres peuples. Ils peuvent nous enseigner l'italien, le romain si l'on veut, comme un Anglais peut nous enseigner l'anglais, mais le latin n'est pas l'italien et le rimeur au service des partisans de la prononciation à la romaine semble bien avoir confondu ces deux choses dans sa boutade finale :

> Arrière donc enfin cette vieille routine
> Qui chez nous sied si mal à la langue latine.
> ...Aux Français leur accent, mais aux *Latins* le leur,
> Le bon sens le réclame, on doit parler en somme
> Français comme à Paris, et *latin* comme à Rome.

(Revue du chant grégorien, 1918, p. 27)

Là, où il écrivait *Latins, latin,* le bon sens réclamait *Italiens, italien.*

La langue latine n'étant plus parlée par aucun peuple n'appartient non plus à aucun peuple. Par contre, elle appartient, comme tous les objets sans propriétaire, à ceux qui veulent s'en servir. Aussi, bien que morte, nous la voyons employée par les différentes nations à une multitude d'usages, comme nomenclatures scientifiques, traités divers qui s'adressent à tous les savants du monde, etc. Ce qui est mort en elle, en effet, n'est ni son génie, ni ses chefs-d'œuvre, ni son vocabulaire, ni sa syntaxe; ceux-ci même peuvent paraître vivants et exciter encore un intérêt et un enthousiasme tels que l'abbé Rousselot, après bien d'autres, recommande dans sa note d'en faire une langue internationale.

Mais, quoiqu'on fasse, sa prononciation est morte et, dès lors, mort son emploi comme instrument d'échange spontané ou quotidien.

Telle quelle, elle nous appartient donc à nous Français, aussi bien qu'à d'autres peuples, et même un peu plus s'il s'agit d'Allemands ou d'Anglais qui, eux, ne bénéficient pas d'un produit direct de l'évolution latine. La ressemblance de l'italien avec le latin plus accusée que celle du français, ne nous dépossède pas, et parce que le latin « n'a jamais cessé d'être nôtre », notre droit va de pair avec celui de Rome. Aucune décision ne peut aller contre un fait, ni parvenir à nous dépouiller.

VIII

LE LATIN, LANGUE PROPRE DE L'ÉGLISE

Mais, nous dit-on, le latin, langue morte pour tous les peuples de l'univers, est la langue vivante de l'Église.

« Toute différente, en effet, est la position du latin à l'aula de l'Université et dans l'Église catholique. Ici c'est une langue morte, là c'est une langue bien vivante, la langue officielle de la plus vivante des sociétés. Le latin, c'est la langue des conciles, des encycliques, des congrégations romaines, des facultés de théologie, la langue du bréviaire, de l'office divin, de toute la liturgie ; il est écrit, il est aussi parlé » (*Semaine religieuse* d'Autun, 8 mars 1924).

Nous avons emprunté cette citation à une Semaine religieuse quelconque semblable à beaucoup d'autres.

Le latin, langue *vivante* de l'Église... Le *motu proprio* est heureusement plus réservé : « La langue propre de l'Église est la langue latine ». Sans doute le pape est mieux informé, et il sait que s'il y a des actes écrits en latin dans la chancellerie romaine, les conversations en latin, même dans les congrégations ou les assemblées qui traitent des affaires de la chrétienté, y sont infiniment plus rares. Loin de nous en plaindre d'ailleurs, nous voyons là, nous aussi, d'immenses avantages. Les dix Eminentissimes Cardinaux, Préfets et Membres secrétaires-copistes de la Cour romaine se servent entre eux d'un langage qu'ils comprennent parfaitement, étant celui de leur pensée, plutôt que de recourir à une langue

5

qui, en dépit de leur habileté, les forcerait à un travail continuel de traduction mentale imparfaite.

Mieux vaut garder la précision et la clarté que d'y substituer, par amour du latin, l'à peu près et l'obscurité. Nous pouvons affirmer en particulier que dans la Commission vaticane pour l'édition des livres de chants, toutes les conversations, discussions, communications furent faites en français ou en italien, y compris même celles provenant de la secrétairerie d'État, à l'exception des Décrets définitifs qui imposaient l'Édition vaticane à toute l'Église latine. C'est précisément pour des documents de ce genre que la langue latine est régulièrement employée, ainsi que nous le dirons un peu plus loin.

Nous étonnerons peut-être plus d'un amateur de chant grégorien en affirmant que le fameux *motu proprio* du 22 novembre 1903 a été pensé, rédigé, authentiquement et officiellement publié en langue italienne ; et comme si le fait de cette publication dans de telles conditions n'était pas suffisant, les *Acta S. Sedis* ajoutent au bas de la page cette note qui ne laisse aucun doute sur le fait et sur la volonté qui l'ont inspirée : « Cette instruction sur la musique sacrée a été publiée par le Souverain Pontife (Pie X) en langue italienne ; mais pour la commodité des lecteurs nous lui ajoutons une traduction latine que le Saint-Siège vient d'approuver comme authentique ou officielle ».

Le cas du *motu proprio* n'est pas isolé. Il en est de même pour une multitude d'autres documents qui restent dans leur rédaction primitive et n'ont point à passer par les mains des secrétaires des lettres latines au Vatican, spécialistes très habiles qui savent traduire en un latin toujours correct et présentable, souvent même élégant, les actes plus solennels ou plus importants, Bulles, Brefs, Décrets, qui en raison de leur destination dans l'Église catholique demandent à paraître sous cette forme.

Au lieu de dire que le latin est la langue vivante de l'Église, disons donc plus exactement, avec le Pape : « La langue propre de l'Église est le latin ».

Cette seule expression *le latin* avec l'article défini indique une langue qui a le privilège d'être fixée, de n'évoluer plus ; car il y a plusieurs latins dans la série des latins qui se sont parlés depuis la législation des douze tables jusqu'à l'invasion des barbares. Ayant cessé d'évoluer, il est resté ce qu'il était au moment où, des sociétés nouvelles s'établissant à la place des anciennes, la langue ancienne elle-même entrait dans l'état que nous avons décrit plus haut. Le latin, dont parle ici le Souverain Pontife, est donc bien langue morte. Il n'y a pas à en gémir, ni à se raidir contre la réalité. Il faut au contraire admirer, dans ce fait que le latin, langue morte, est au service de l'Église, une gloire nouvelle de l'Église et une marque de sa pérennité.

On peut aller plus loin et considérer que l'évolution historique du latin en tant que langue parlée aboutissant à ce latin langue morte utilisé par l'Église, fut à la fois une marque de la mission de celle-ci et un bienfait.

Sans entrer dans le détail des événements, que voyons-nous au début de l'ère chrétienne ?

D'une part, un empire romain en possession d'une langue préparée depuis des siècles, mais soumise comme tous les êtres vivants aux changements de l'évolution et vouée à la disparition ; d'autre part, l'Église, affranchie du changement perpétuel et stable comme une force qui ne craint point l'action du temps.

Au départ, l'Église adopte la langue que lui offre l'Empire.

Cette langue va mourir, comme les peuples auxquels elle sert, et parce que c'est le propre de toute chose humaine. Elle mourra d'ailleurs déjà plus lentement que bien d'autres, en raison de l'usage qu'en fait l'Église. Puis, une fois morte, elle est gardée encore par l'Église, mais alors précisément parce que, morte, elle n'évoluera plus et sous cette forme participera de l'immutabilité des pensées qui doivent être exprimées.

N'oublions pas, en outre, que le latin — langue vivante — n'a pas été au début la langue exclusive de l'Église. Quand le centre de l'Église, la papauté, se transporta d'Antioche à Rome, l'Église continua de se servir en Orient de la langue grecque qui était celle de son berceau (les huit premiers Conciles, notamment ceux de Nicée, Constantinople, Éphèse et Chalcédoine, ont été tenus et leurs actes rédigés en grec) ; mais elle ne songea pas à l'imposer à l'Occident bien qu'elle fût celle de saint Pierre, de saint Paul, des Évangélistes et des premiers Conciles.

Aujourd'hui encore, à côté de la chaire du docteur, de celle du théologien-lecteur, il y a dans le monde entier, et en nombre incalculable, des chaires pour les pasteurs, des chaires pour les catéchistes, où la langue propre de l'Église cède le pas à la langue nationale. Actuellement, comme autrefois, les langues nationales de tous les pays du monde deviennent et sont, en réalité, les langues vivantes de l'Église.

Reste que le latin est utilisé par l'Église pour son administration intérieure et extérieure, le haut enseignement et sa liturgie.

On ne saurait nier que, pour ces trois fins, c'est le latin, langue morte, qui suffit et est en mesure de lui rendre le plus de services.

En matière d'administration intérieure, ce qui a été dit précédemment sur l'idiome employé dans la chancellerie romaine suffit à montrer que le latin n'y paraît guère qu'à l'état de langue écrite et que cette écriture latine est l'occupation exclusive des latinistes — en très petit nombre — du Vatican. Les affaires s'y traitent en italien, elles sont écrites, lorsqu'il y a lieu, en latin.

Il en va de même pour les actes de l'administration extérieure, où le latin offre comme langue diplomatique l'avantage de n'appartenir à aucun peuple, et de ménager ainsi à l'Église une situation indépendante et supérieure qu'elle n'aurait point si elle usait d'une langue nationale appartenant au peuple au milieu duquel elle vit. D'ailleurs la lecture et l'écriture sont seules en jeu. Et Rome a bien soin d'envoyer à Paris des nonces parlant français, à Madrid des nonces parlant espagnol, le latin seul ne suffisant pas à traiter les questions diplomatiques et à diminuer les conflits.

Langue administrative et diplomatique, le latin est aussi la langue scientifique de l'Église, la langue de son haut enseignement. C'est, en effet, en latin que sont formulés les dogmes immuables, les canons et décrets des conciles depuis 1123. C'est aussi la langue de la théologie, qui est l'exposé du dogme sous une forme scientifique.

De la liturgie enfin nous parlerons plus loin, mais dès maintenant comment ne pas admirer l'avantage providentiel pour l'Église, à Rome, de n'avoir pas eu à se créer, pour exprimer les idées nouvelles qu'elle apportait au monde, une langue artificielle, une sorte de Volapuk ou d'Esperanto et d'avoir, au contraire, trouvé toute faite une langue élaborée pendant des siècles par les peuples du plus vaste empire du monde, enrichie et assouplie par les philosophes, les poètes, les orateurs, les rhéteurs, les grammairiens et les jurisconsultes, capable en définitive d'exprimer l'universalité et les nuances de la pensée humaine !

Admirons aussi que, grâce au latin, langue morte, *l'écriture* en ces matières soit devenue véhicule nécessaire et unique. Les formules dogmatiques abandonnées au langage parlé auraient bientôt perdu de leur précision et même de leur vérité. Il en serait comme des nouvelles courantes qui se transforment si vite par altération, addition, ou soustraction. La parole de Dieu elle-même a dû être écrite, elle est devenue : *l'Écriture Sainte.* Pareillement l'enseignement de l'Église : les professeurs de théologie seront dits *lectores* — ils lisent plus qu'ils ne parlent.

En résumé, de ces premières considérations ressort cette double leçon :

1º Grandeur de la langue latine et prolongation de son utilité grâce à l'emploi qu'en fit l'Église.

2º Nécessité que la langue latine soit une langue morte, pour être, comme l'a écrit le Pape, la langue propre de l'Église.

IX

LE LATIN, LANGUE LITURGIQUE DE L'ÉGLISE

Reste, et c'est le point qui nous intéresse plus spécialement, que le latin est la langue liturgique officielle en Occident, celle que l'Église emploie dans la prière publique, la Messe, les Vêpres et autres offices.

Il importe de rappeler ici ce que nous avons déjà dit précédemment, à savoir que le latin n'est pas la langue primitive de l'Église. En Orient, où le culte catholique a pris naissance, on s'est servi d'abord du grec. Il était naturel d'employer l'idiome généralement en usage, l'idiome dont se sont servis les écrivains sacrés du Nouveau Testament ; et il en reste des traces dans notre liturgie occidentale, le *Kyrie eleison*, les *improperes* du vendredi saint.

Autre remarque. A notre époque, le latin n'est plus parlé, il est lu. La lecture précède la parole ou le chant, et ce latin est une *langue morte* qui est *lue* par, ou devant, ou avec un peuple qui *ne le comprend pas*.

A la messe solennelle, quand le diacre chante l'Évangile, par exemple le récit si dramatique de la guérison de l'aveugle-né, tous les fidèles, debout, attentifs, écoutent ; ils voient devant eux un spectacle majestueux, une harmonie de mouvements, d'encens et de lumières ; ils entendent aussi la voix qui chante, mais si l'on excepte quelques privilégiés plus instruits, dont le nombre diminuera à mesure qu'on abandonnera les études classiques, personne ne comprend. Il faut qu'après

ce chant, un prêtre donne connaissance, dans la langue maternelle, le français en France, l'italien en Italie, l'allemand en
Allemagne, de la partie de l'Évangile qui vient d'être chantée.

Le diacre a chanté devant un peuple qui *ne pouvait le suivre*.

On encourage, avec raison, le chant de la foule dans les
offices de l'Église, — le peuple alors lit et chante des mots
et des phrases qu'il *ne comprend pas* — et il en est ainsi dans
tous les pays chrétiens de liturgie latine.

Même quand, dans l'office solennel, l'Église emploie la forme
dialoguée, le prêtre s'adressant à la foule, la foule répondant
au prêtre, la foule répond dans une langue *qu'elle ne comprend
pas*.

Tel est le fait. Il semble au premier abord que ce serait un
motif d'abandonner le latin dans l'exercice du culte.

Au IXe siècle (vers 860) saint Cyrille et saint Méthode,
apôtres des peuples slaves, dont l'idiome était bien éloigné
de la langue latine, trouvèrent grand avantage à employer
la langue maternelle dans les fonctions du culte, au grand
scandale des puristes du temps. Ils plaidèrent si bien leur
cause, *rationibus tam certis et tam illustribus*, que le pape
Adrien II les loua et les approuva (*Bréviaire romain*, 7 juillet).

Au XVIe siècle, en France, la poussée en ce sens fut également très forte. Combien de gens de très bonne foi auraient
désiré « prier en français » !

De nos jours, le cantique français s'est fait une place considérable dans nos églises des villes et des campagnes, dans les
missions, dans les catéchismes et ce mouvement a été généralement encouragé.

Cependant, à ces efforts, l'Église a toujours résisté, maintenant l'usage de la langue latine dans ses offices, composés ou
bien des paroles mêmes de la Sainte Écriture, Psaumes,
Évangiles, Épitres, ou encore des formules sacramentelles,
Canon de la messe, ou enfin de prières qui touchent de bien près
au dogme. Il fallait, en effet, que cet ensemble fut protégé contre
l'action du temps ou l'infidélité des traducteurs, et aucune

armure meilleure que l'emploi d'une langue morte ne pouvait être choisie pour y parvenir.

La concession faite par le pape Adrien II aux saints Cyrille et Méthode peut être considérée comme un cas particulier, qui montre qu'on pouvait déroger à l'uniformité sans toucher à l'unité. La résistance opposée à la poussée de la Renaissance par les papes du XVIe siècle a certainement contribué au maintien de l'unité, tandis que les sectes dissidentes finissaient par ne plus s'entendre, en parlant cependant des langues qu'elles comprenaient.

De nos jours l'effort vers l'usage des langues vulgaires s'est traduit par des vœux et des réclamations auxquels le Souverain Pontife Pie X a répondu par cet article de l'*Instruction sur la musique sacrée* (III, 7) :

« La langue *propre* de l'Église *romaine* est la langue latine. Il est donc interdit dans les solennelles fonctions liturgiques de chanter quoi que ce soit en langue vulgaire ; bien plus encore de chanter en langue vulgaire les parties variables (introït, graduel, etc.) ou communes (Kyrie, Gloria) de la messe et de l'office ».

C'est un constat plus encore qu'une décision ; que la réalité présente des inconvénients, c'est possible ; mais toutes les théories sur le chant grégorien sont impuissantes à les faire disparaître et la révolution contre laquelle nous nous élevons ne pourra que les aggraver.

Tenons-nous en donc à ce qui est. L'Église se sert, et veut se servir d'une langue qu'elle sait être morte, et être incompréhensible au peuple qui en fait usage. Alors s'impose, et vraisemblablement s'imposera toujours, le régime suivant, le seul possible.

Le latin est inaccessible au peuple, qui ne peut y atteindre ; c'est au latin de s'incliner vers le peuple, car après tout, c'est la langue qui est pour le peuple et non le peuple pour la langue. Au latin donc de se mettre à la portée des organes vocaux, aussi bien de l'émetteur que du récepteur. Il apporte ses lettres, ses mots écrits, c'est-à-dire tout ce qu'il a, puisque le temps l'a dépouillé de sa prononciation. Va-t-on, chez nous, lui en imposer une, qui n'est pas plus vraie que la nôtre ; qui nous est étrangère ; qui l'éloigne de nous ; que nous ne pouvons nous assimiler normalement ; que nous reproduirons mal ? On a dit au chapitre des Langues étrangères ce qu'il faut penser de cette langue nouvelle, appelée à devenir, après quelques années une routine plus inerte, plus vicieuse, plus incompréhensible que le latin prononcé à la française.

Les siècles ne l'ont pas compris ainsi. Ils ont fait au latin un *vêtement*, le seul que d'ailleurs ils pouvaient lui faire, en *l'accomodant aux évolutions de notre langue*. Les novateurs ont-ils mieux réussi, en lui confectionnant, pour notre usage à nous Français, un vêtement composé de pièces disparates, dont la valeur sonore n'a pas été vérifiée ? Si le nom d'arlequin que lui donne l'abbé Rousselot a paru injurieux à quelques-uns, n'est-il pas justifié par les considérations qui font la matière de cet article ? Le latin à l'italienne (à la romaine) est-il devenu plus intelligible ?

X

LA SOLUTION DU PROBLÈME

L'exposé, qui précède et dont on voudra bien reconnaître,
je l'espère, le caractère objectif n'a eu qu'un but, mettre le
lecteur en état d'aborder et de juger en connaissance de
cause la question, objet de cet essai : convient-il ou non de
pratiquer en France la prononciation à l'italienne dans le
latin liturgique ?

Bien qu'appelé parfois, dans ce qui va suivre, à parler de
mon humble rôle de praticien et de maître de chapelle, je
demande tout d'abord qu'on veuille bien m'en croire quand
j'affirme que je ne cesserai pas de me placer en dehors ou au-
dessus de toute polémique, comme on voudra. La vérité ne
serait pas la vérité si elle avait besoin de recourir à de pareils
soutiens. Je compte en revanche me tenir sur le terrain unique
des faits, m'en remettant à ceux-ci de parler par eux-mêmes
et convaincu que leur exposé suffit pour commander les
conclusions.

Lorsqu'en 1884, j'entrepris de diriger un modeste chœur
de chant dans une chapelle de pensionnat, j'eus recours,
pour l'exécution des chants liturgiques, à l'édition dite de
Solesmes qui était à cette époque différente et même opposée
à l'édition dite Médicéenne. Bien que recommandée par le
Vatican, celle-ci avait rencontré peu de faveur en France,
où quatre diocèses seulement l'avaient adoptée.

J'avais pour moi l'autorité et les conseils de Dom Pothier

dont il est superflu de rappeler la science et, ce qui est au moins aussi important, la merveilleuse intuition en ces matières.

On doit croire que l'édition Médicéenne méritait à quelques égards les critiques dont elle était l'objet, puisqu'en 1904, de nouveaux décrets l'écartaient et une commission était instituée à Rome pour y substituer une autre édition vaticane destinée à réunir la collection de toutes les mélodies grégoriennes. J'ai eu l'honneur de faire partie de cette commission et son travail fut généralement accueilli.

Je viens d'employer les termes « de collection des mélodies grégoriennes ». En ces temps paisibles, en effet, personne ne songeait encore à faire du *grégorien* un bloc, ou du moins, il n'y paraissait pas. Paisiblement aussi, on continuait de prononcer le latin à la française en France, à l'italienne en Italie.

Cependant l'œuvre de la Commission de 1904 n'avait pas été sans stimuler de nombreuses activités. Déjà, un peu de tous côtés, des doctrines nouvelles se faisaient jour, plus ou moins solides, souvent incohérentes, la plupart faisant table rase du passé et jamais vérifiables.

Ces théories dont il est aisé de constater aujourd'hui encore le complet désaccord prenaient, toutes, une étiquette commune, qui est *chant grégorien*. Nous nous garderons bien d'y faire un choix ou de prendre parti à leur sujet. Au surplus les mouvements qui en résultaient étaient encore à cette époque peu apparents et sans conséquences pratiques visibles.

Ce fut l'initiative de Pie X pour la réglementation de la musique religieuse d'une part et l'édition des livres officiels de chant d'autre part qui amena au jour ce qu'on pourrait nommer la révolution grégorienne. A ce moment, des rivalités et des préoccupations apparurent dans lesquelles il était bien difficile qu'une mesure exacte fût gardée. Comme il arrive dans toute restauration, les réactions se firent très vives. Le chant grégorien devenu champ clos fut témoin de mêlées où la vérité elle-même perdit assez souvent sa sérénité. Et c'est alors que surgit la supplique française adressée au Saint-Siège en faveur de la prononciation romaine.

Non seulement une question nouvelle était ainsi officiellement liée à la question grégorienne, mais le mouvement de réaction contre la tradition française séculaire partait de France .

Cette pétition, revêtue de trop nombreuses signatures pour émaner de personnes toutes vraiment compétentes, date de juin 1912. Elle apportait, de l'aveu même de ses rédacteurs, une complète innovation. Bien que, forts de leurs compétence, les pétitionnaires jugeassent que cette innovation devait s'imposer d'elle-même, ils n'eussent pas été fâchés de lui voir accorder l'approbation pontificale en manière de couverture : et c'est pourquoi, après un exposé de raisons sur lesquelles nous allons revenir, ils s'exprimaient ainsi :

« Ce désir (diffusion en France de la prononciation romaine du latin) nous vous supplions, très Saint Père, avec toute l'ardeur de notre conviction, fruit de notre longue et patiente expérience, de l'exprimer hautement en faveur des grégorianisants français ».

Que répondre à une demande formulée en de tels termes ? Comment douter de la compétence d'hommes si forts de leur longue expérience et s'affirmant grégorianisants ?

N'oublions pas, en outre, que la bonne exécution du chant grégorien était l'objet constant des pensées de Pie X depuis le début de son pontificat.

Le Saint Père ne pouvait que paternellement accepter l'offrande qui lui était faite par ses fils de France et consentir à exprimer le désir sollicité, même s'il n'avait pas été tout à fait le sien. C'est ce qu'il fit dans une lettre adressée à Monseigneur l'archevêque de Bourges, en date du 10 juillet 1912 ; et c'est ainsi également qu'interrogé à ce sujet par Mgr Rouard [1], évêque originaire de Dijon, peu de temps après la publication de sa réponse à la supplique, Pie X répliquait

---

1. Il est encore dans ce diocèse des prêtres auxquels Mgr Rouard rapporta ce propos pendant son séjour au couvent de la Providence.

avec un sourire de nature à souligner exactement la portée de son acte : « Ce sont les chantres qui l'ont voulu ».

Tels sont les faits : une pétition adressée au nom d'un groupe de « grégorianistes », forts d'une expérience qu'ils affirment et soulevant à l'occasion d'une édition vaticane la question de la prononciation latine, qui en est totalement distincte ; une réponse affectueuse du Saint Père disant : « Puisque vous « le jugez nécessaire, faites-le ». Après quoi, armée de ces deux documents, une révolution fut tentée.

Nous disons bien, une révolution, car il ne s'agissait plus simplement d'améliorer mais bien de bouleverser une langue musicale établie. Une révolution aussi, à en juger par les documents de cette époque dont beaucoup montrent assez qu'on ne reculait pas devant les exagérations. Dans d'excellentes intentions on y a même mêlé de prétendues questions d'orthodoxie !

Nous avons sous les yeux une déclaration qui commence par ces mots : « Si nous voulons être catholiques... » (*Revue grégorienne*, sept.-oct., 1923, p. 166). C'est aller un peu loin et si louable que soit un pareil désir de nous maintenir dans l'orthodoxie, c'est aussi sortir de la vérité. N'oublions pas le mot de saint Jérôme : « Et si a recta via paululum declinaveris, non interest utrum ad dexteram vadas an ad sinistram, cum verum iter amiseris » (*Comm. in Matth.*, V et VI).

Revenons plutôt au seul débat réel qui est la question de la prononciation et, puisque cette réforme est l'objet unique de la supplique, examinons les motifs sur lesquels celle-ci s'appuie. Nous avons déjà dit que peu importent les signataires et leur nombre : en cette matière seules comptent les raisons apportées.

Ces raisons sont de deux sortes ; les unes concernent le chant grégorien en tant que chant, les autres visent l'uniformité considérée en tant que mesure disciplinaire.

A. Raisons concernant le chant grégorien
en tant que chant

1º *Les mélodies qui composent le Graduel et l'Antiphonaire ont été composées pour des paroles déterminées et avec une telle précision que c'est la forme des mots qui a donné la forme complète à la mélodie et à son rythme.*

Nous ne pensons pas qu'aucun grégorianiste soutiendrait encore aujourd'hui cette proposition. S'il s'en trouvait quelqu'un, nous lui demanderions où il l'a découverte, et des références seraient ici d'autant plus nécessaires qu'en maints endroits des livres dits grégoriens la même mélodie qui a été composée pour un texte, a été appliquée à beaucoup d'autres.

Sans parler des hymnes dont les strophes bien que chantées sur la même mélodie se succèdent sans répéter les mêmes paroles, nous n'apprendrons rien à personne en rappelant que par exemple la mélodie du Graduel *Absolve* de la messe des morts est la même que celle du Graduel *Uxor tua* de la messe de mariage et de l'*Haec dies* de Pâques. C'est un fait au contraire très ordinaire dans les livres usités de tous temps et dans toutes les éditions.

Il faut donc considérer ce motif comme nul et, nous venons de le dire, personne aujourd'hui dans aucun camp grégorianiste ne songerait plus à le faire valoir.

2º *La prononciation française est particulièrement défectueuse.*

Tout ce qui a été dit au cours de cet ouvrage nous permet maintenant d'affirmer au contraire que substituer une autre prononciation à la prononciation à la française revient à substituer une routine à une autre. Ni l'ordre, ni la beauté n'y gagnent : au déplaisir d'une mauvaise prononciation on ajoute la répugnance qu'éprouvent un grand nombre pour une prononciation qu'on a choisie étrangère et qui, n'ayant jamais existé, n'est en réalité ni du latin, ni du français.

3° *Les sons que nous donnons n'ont aucune couleur latine.*
Référons-nous toujours à l'exposé théorique qui a précédé cette discussion. Qu'entend-on par couleur latine ? Comment parler d'une couleur que personne ne connaît ?

Imagine-t-on qu'un Latin d'autrefois entendant un Français parler le latin à l'italienne trouverait à son goût ce verbiage et parviendrait seulement à le comprendre ?

4° *Incompatibilité de la prononciation à la française avec l'exécution de certaines vocalises des chants ornés et avec la mise en pratique de plusieurs des règles contenues dans la Préface du Graduel vatican, notamment celles qui concernent les neumes liquescents.*

En ce qui concerne les vocalises nous demandons simplement qu'on nous cite une voyelle incompatible avec elles.

Quant aux règles concernant les neumes, aucune matière plus incertaine et j'ajouterai plus indifférente. Qu'il me suffise à cet égard de rappeler ce qu'en écrivait Dom Pothier dans la *Revue grégorienne* (1912, n° I, p. 7) :

« On comprend aussi la faculté donnée au chanteur de laisser plein un son liquescent *sans dommage aucun ni pour la mélodie ni pour le rythme.* Il s'agit, en effet, d'une simple nuance de la prononciation. La mélodie n'y est pas intéressée parce qu'aucune note n'est ni ajoutée, ni retranchée ; le rythme pas davantage, car la note liquescente est régulièrement note de passage et ne peut ni arrêter ni précipiter le mouvement. Deux chantres marchant ensemble dont l'un liquéfie la note que l'autre fait pleine, n'en iront pas moins du même pas ».

5° *Enfin il importe essentiellement pour la bonne exécution de la musique grégorienne que les paroles qui lui servent de sup-*

port soient prononcées aujourd'hui comme au temps où la mélodie fut composée.

Affirmation aussi gratuite que les précédentes et qui se ruine elle-même. Nous avons des mélodies grégoriennes du viie et du viiie siècle. Imagine-t-on qu'au viie siècle, la prononciation était la même qu'au viiie siècle ? Ce serait oublier l'évolution des langues. Nous voici donc avec deux modes de prononciation nécessaires, et par ailleurs parfaitement incompétents pour pouvoir dire quels ils étaient en leur temps, donc quels nous devrions adopter.

Au total, pas un de ces motifs méritant d'être retenu ; c'est pourquoi l'on y a joint une question d'unité envisagée au point de vue disciplinaire, qu'il est temps d'aborder.

B. Uniformité en tant que raison disciplinaire

« Lorsque, en effet, les évêques, les prêtres et les fidèles de France prononceront la langue liturgique comme leur Père bien aimé, le Pontife romain, alors vraiment seront réalisées ces paroles de l'Ecriture : « Ecce unus est populus et unum » labium omnibus » [1].

Ainsi s'exprime la supplique.

Qu'est-ce à dire sinon qu'on prétend confondre désormais l'uniformité avec l'unité ?

L'unité de l'Église est faite de vérités certaines, indiscutables. Rien de ce qui est incertain ne peut pénétrer dans le domaine qui constitue cette unité. En revanche, la catholicité de l'Église implique la diversité dans les formes. Unité et

---

1 Qu'on nous permette ici de citer le texte intégral de la Vulgate d'où est tirée cette citation ; ce texte est à sa place dans un ouvrage traitant des langues étrangères : « Le Seigneur descendit pour voir la ville et la tour que bâtissaient les fils d'Adam et Il dit : ils ne sont tous maintenant qu'un seul peuple et ils ont tous le même langage... venez donc, descendons dans ce lieu et confondons tellement leur langage qu'ils ne s'entendent plus les uns les autres. Et c'est ainsi que le Seigneur les dispersa de ce lieu par toute la terre » (*Genèse*, ch. XI, versets 5 à 8).

uniformité sont donc deux choses distinctes qu'il importe de ne point confondre, ainsi qu'on tente de le faire avec la formule : *unus cultus, unus cantus, una lingua*, à l'imitation du texte de saint Paul qui caractérise, lui, la vraie Église de Jésus-Christ : *unus dominus, una fides, unum baptisma*.

Les formules à trois sont commodes, mais bien décevantes. *Unus cantus...* Pourquoi s'arrêter en si beau chemin et laisser de côté l'architecture, le vêtement, la liturgie ? Pour si excellentes que soient les intentions des auteurs du nouveau programme, oublierons-nous que ceux-ci se trouvent être précisément parmi les adversaires les plus résolus des ornements dits gothiques ? Non, l'unité, marque divine de la mission de l'Église, ne se fabrique pas ainsi à coup de règlements : elle est.

Pour reconnaître que l'Église, en raison de sa catholicité a toujours admis la diversité des formes et notamment des langues, relisons plutôt dans son intégralité, l'antienne *Veni Sancte Spiritus* :

« Reple tuorum corda fidelium et tui amoris in eis ignem accende, qui per diversitatem linguarum cunctarum gentes in unitate fidei congregasti... »

La catholicité : *gentes*. L'unité dans la foi : *in unitate fidei*. La diversité des langues : *per diversitatem linguarum cunctarum*.

Notre-Seigneur ne suppose nulle part que ses enseignements seront transmis par les apôtres en une seule langue. « Ceux qui croiront, dit-il, parleront des langues nouvelles ». On ne voit pas non plus qu'au jour de la Pentecôte, où le Saint-Esprit venait renouveler la face de la terre et créer la puissante unité de l'Église, Dieu ait le moindrement modifié, en faveur de cette Église le régime de la diversité des langues. Il avait lui-même présidé au premier jour du monde à son établissement. Les apôtres sortent du cénacle ; ils parlent toutes les différentes langues. *loquebantur variis linguis apostoli*. Comme nous sommes loin du *unus cantus, una lingua* !

C'est qu'en vérité la parole et le chant demeurent des choses humaines et l'on ne fait pas d'unité dans les choses humaines. L'unité dans une chose vivant au milieu des hommes, prouverait que cette chose n'est pas des hommes.

Les mélodies grégoriennes sont l'œuvre des hommes. Tout religieux qu'ils soient, les chants de l'Église sont aussi l'œuvre des hommes. Trois cents ans environ ont passé après l'invention du contre-point sans qu'on songeât à l'estimer : aujourd'hui, on le remet en faveur, c'est parfait : mais de là à accepter que son emploi dans des conditions déterminées soit nécessaire à la perfection de l'unité de l'Église, à qui le fera-t-on croire ?

On dit encore : « Il est désirable pour cette perfection de l'unité de l'Église que les fidèles s'expriment avec la même prononciation que le chef de l'Église ». A-t-on réfléchi que le pape prononce à l'italienne non parce qu'il est chef de l'Église, mais parce qu'il est italien ? Si l'un des papes futurs était le quinzième pape français, celui-là aussi serait-il obligé de prononcer encore à l'italienne ou décréterait-on du coup l'universalité de la prononciation française ?

Il est temps de conclure.

Confondant l'unité et l'uniformité, ce n'est pas une évolution qui est tentée, mais bien une révolution, ceci au risque de créer un malaise véritable et d'amener des troubles inutiles dans plus d'une conscience de prêtre : « dixerunt pax et non erat pax » (Jérémie, chap. VI, verset 11 ; Ézéchiel, chap. XIII, verset 10).

Pas un des motifs allégués pour justifier cette révolution qui résiste à un sérieux examen. Dans un but très louable, on est parti en guerre contre la mauvaise prononciation du latin en français, mais au lieu de songer à améliorer celle-ci, on a conclu qu'il fallait tout changer et parler latin comme les Italiens. Le changement proposé n'est que le passage d'une négligence à une autre négligence, d'une routine à une autre routine : et alors, où est l'avantage ?

Ce n'est pas l'unité des formes qui importe, mais bien au contraire, leur beauté. Telle forme, belle en Italie, ne le sera d'ailleurs plus en France, ni en Angleterre, ni en Espagne.

Ce n'est pas non plus tout changer qui importe, mais — je répète le mot — améliorer ce qui est. J'entends par améliorer, substituer le soin au laisser-aller, faire disparaître les défauts, les routines, les manies même, toutes choses que l'accoutumance amène et développe ; c'est encore et surtout, interdire que les consonnes ou voyelles sortent de la bouche des chanteurs défigurées, tronquées et inintelligibles.

En ce qui me concerne, tel fut le but de mon effort, et je n'ai jamais cessé de creuser ce même sillon pour le contentement des fidèles qui entendent.

Qu'on me pardonne de mettre de nouveau en avant mon humble personnalité, mais il ne me semble pas mauvais, pour mieux faire saisir ma pensée, de dire comment, par exemple, a débuté l'enseignement de la Maîtrise de la cathédrale de Dijon quand je fus appelé à la diriger.

Durant trois mois nous nous sommes livrés à ce travail d'amélioration préalable consacrant deux classes de chant par jour, à rectifier l'accentuation, à assurer la parfaite justesse des sons et la correction du rythme. Défense ensuite de changer quoi que ce soit dans les pratiques défectueuses, et d'y substituer les améliorations étudiées avant que ce labeur préparatoire ait donné une absolue sécurité et une entière satisfaction. Pour loger du vin nouveau, il faut s'assurer des outres nouvelles.

C'est grâce à une telle recherche du mieux dans le cadre normal que nous avons eu la joie et la consolation de nous voir seconder et approuver par les Evêques qui, depuis 1896, se sont succédés au siège de Dijon. Le dernier d'entre eux, Mgr Landrieux, venu au milieu de nous avec des arrière-pensées favorables à la thèse contraire, en présence du résultat, non seulement fut conquis à son tour, mais, à l'occasion de notre jubilé sacerdotal, voulut bien nous témoigner d'une manière retentissante et particulièrement flatteuse que ses premières préventions avaient fait place à une entière approbation. Le Saint-Siège, en s'associant à la récompense qui m'était accordée témoignait en même temps de pareils sentiments dont le rappel m'émeut encore de gratitude.

C'est aussi grâce à la même recherche du mieux que notre diocèse a été préservé d'un mouvement révolutionnaire inutile, cependant que les fidèles sont unanimes à percevoir dans nos offices une noblesse nouvelle qui est une aide à leurs prières.

Que si maintenant on me demande pourquoi je me suis décidé si tard, et seulement sur l'instance de Mgr Landrieux à écrire ces réflexions, je répondrai que, depuis 1891, je ne m'étais cru aucune mission en dehors du mandat de Maître de chapelle de la cathédrale de Dijon.

On aurait gagné, nous le croyons, à mettre la même lenteur à lancer une réforme dont le point de départ est un problème résolu sans en connaître les données, dont l'aboutissement est l'accroissement certain de la mauvaise manière de chanter.

ANNEXES

I

SUPPLIQUE

ADRESSÉE A SA SAINTETÉ PIE X

PAR UN GROUPE DE GRÉGORIANISTES

Très Saint Père,

Humblement prosternés aux pieds de Votre Sainteté, les soussignés, *tous Français*, se permettent de Lui exposer ce qui suit :

Nous avons accueilli, avec une filiale et respectueuse reconnaissance, le *Motu proprio* de Votre Sainteté du 23 novembre 1903, sur la Musique sacrée, et nous nous sommes empressés, avec une joyeuse docilité, d'en promouvoir, autant qu'il dépendait de nous, la rigoureuse observation.

L'éloge que Votre Sainteté y fait du chant grégorien, « qui est le chant propre de l'Église romaine », et dont les qualités s'harmonisent parfaitement avec celles mêmes de la sainte liturgie, répondait trop bien à nos sentiments intimes pour que nous n'applaudissions pas de grand cœur à cette restauration de la musique sacrée.

Ce que nous avons fait jusqu'ici pour entrer dans les vues de Votre Sainteté, nous sommes décidés plus que jamais à le poursuivre. Même, notre désir de réaliser plus efficacement et plus complètement encore Ses desseins nous enhardit jusqu'à formuler un vœu que nous déposons humblement à Ses pieds.

Le chant grégorien est une mélodie composée pour des paroles sacrées ; son but est « de donner une plus grande efficacité au texte liturgique, de façon à ce que les fidèles soient, par ce moyen, plus facilement portés à la dévotion » (*Motu proprio* de 1903). C'est pourquoi il existe entre les paroles liturgiques et le chant qui les met en valeur une intimité très étroite, si étroite même que l'accentuation et la prononciation des mots latins ont exercé une influence considérable sur la formation mélodique et rythmique de la phrase grégorienne, et que certains neumes correspondent directement à certains sons.

Il importe donc essentiellement, pour la bonne exécution des mélodies grégoriennes, que les paroles qui lui servent de support soient prononcées aujourd'hui comme elles l'étaient au temps où la mélodie fut composée.

Or nous n'avons pas de peine à avouer que chez nous, *en France*, la prononciation du latin est particulièrement défectueuse. Les sons que nous lui donnons non seulement n'ont, pour la plupart, aucune couleur latine, mais encore sont incompatibles avec l'accentuation de beaucoup de mots latins, avec l'exécution de certaines vocalises des chants ornés, et avec la mise en pratique de plusieurs des règles contenues dans la préface du « Graduel vatican », notamment celles qui concernent les neumes liquescents *(De notularum cantus figuris et usu, § 3).*

Cette défectuosité est si évidente que nous ne craignons pas d'affirmer que l'immense majorité des grégorianistes *français*, comme en fait foi l'instante et vaste prière déposée aux pieds de Votre Sainteté, considèrent la prononciation romaine comme nécessaire pour la restauration intégrale des mélodies liturgiques. Bien plus, cette nécessité s'étend à l'exécution de la musique polyphonique palestrinienne, qui participe à tant de titres au caractère du plain-chant.

Aussi, avec les précieux encouragements d'un certain nombre de NN. SS. les Évêques, avons-nous entrepris de travailler à **la diffusion en France de la prononciation romaine du latin,** réforme qui nous donnerait la parfaite unité liturgique, vœu constant de l'Église. Lorsque, en effet, les évêques, les prêtres et les fidèles de France prononceront la langue liturgique comme leur Père bien aimé, le Pontife romain, alors vraiment seront réalisées ces paroles de l'Écriture : « *Ecce unus est populus et unum labium omnibus* ».

Déjà, sous l'impulsion de la restauration de la liturgie et du chant, beaucoup de religieux français ont adopté la prononciation romaine, tels les Bénédictins, les Chartreux, les Franciscains, etc. ; la réforme, en outre, s'accentue chaque jour non seulement dans les *scholae cantorum*, mais encore dans les cathédrales, dans les grands séminaires, dans les établissements d'enseignement et même dans les simples paroisses de campagne. Un désir exprimé par Votre Sainteté lui assurerait très promptement le succès.

Ce désir, nous Vous supplions, Très Saint Père, avec toute l'ardeur de notre conviction, fruit de notre longue et patiente expérience, de l'exprimer hautement en faveur des grégorianistes français.

L'édition officielle du chant romain sera complétée incessamment par la publication de l'*Antiphonaire.* En cette circonstance décisive pour la restauration du chant liturgique, daigne Votre Sainteté, par un acte public de Sa paternelle bienveillance, bénir les efforts et réaliser le vœu si cher de

Ses fils **très** humbles, très obéissants et très reconnaissants.

Juin 1912.

II

NOTE

SUR LA PRONONCIATION DU LATIN
PAR M. L'ABBÉ ROUSSELOT
(Extraits)

A la distribution des prix de l'École de l'Immaculée Conception de Pau, j'ai eu l'occasion de parler du latin. Après avoir donné les principales raisons que nous avons de l'aimer, j'ajoutais: « Enfin — la « chose pourra paraître futile : elle ne l'est pas — aimez le latin même « sous le vêtement que lui ont donné les siècles parmi nous, l'accommodant « aux évolutions de notre langue, car il n'a jamais cessé d'être nôtre. « Ne l'obligeons pas à prendre un déguisement étranger ou d'arlequin. « qui l'éloignerait de nous, et produirait dans le français, s'il l'adoptait, « de ces taches blessantes pour nos oreilles, embarras perpétuel pour nos « yeux ».

On m'a demandé des explications. Je les ai données. Elles sont résumées dans la note qui suit et que je soumets aux réflexions des amis du latin et du français.

L'abbé Rousselot [1].

L'opinion que j'exprime ici ne va point à l'encontre des essais louables tentés pour la restauration du latin comme langue de communication internationale.

Mais le problème n'est ni simple ni exempt de dangers.

Le français, ne l'oublions pas, a toujours pâti des réformes de la prononciation latine. De là sont venues des hésitations dans notre

---

1. Né le 14 octobre 1846 à Saint-Claud (Charente), l'abbé Rousselot fut ordonné prêtre en 1870, après avoir passé les années de son enfance dans le village de Cellefrouin, berceau de sa famille maternelle. Il devint professeur, vicaire, puis curé à Cognac. Son goût personnel l'entraînait déjà vers la linguistique mais sans autres guides que les manuels de Bréal et de Bailly. Une enquête poursuivie, à cette époque par Tourtoulon et Bringuier, dans le but de chercher la limite des langues d'oïl et d'oc, l'incita à étudier la répartition géographique des patois, ce qui le conduisit en 1892 à présenter en Sorbonne sa thèse des « Modifications phonétiques du langage étudiées dans le parler d'une famille de Cellefrouin » (la sienne). Mais entre temps, il s'était fait l'élève de nos grands linguistes modernes, G. Paris, A. Darmesteter, Havet, d'Arbois de Jubainville, M. Bréal ; et comme il avait compris que la parole humaine rentrait dans les ondes sonores de l'Univers, il entreprit l'étude du fonctionnement physiologique du langage au moyen d'appareils enregistreurs qu'il inventa pour suppléer aux imperfections de l'ouïe et conserver trace des vibrations vocales, destinées à être mesurées et étudiées. Ce côté de la question le fit élève du physiologiste Déjerine à la Salpêtrière, des physiciens Branly à l'Institut catholique de Paris et Becquerel aux Arts et Métiers. C'est au laboratoire Marey qu'il trouva sa voie sur cet avis de Gaston Paris que seule une interprétation mécanique pouvait tirer les linguistes d'embarras.

En 1897, il était chargé au Collège de France du laboratoire de phonétique expérimentale, qu'il avait créé comme annexe à la chaire de grammaire comparée, tenue par Michel Bréal. Celui-ci rendra hommage à son élève par ces paroles prophétiques : « La phonétique, grâce à cette direction toute scientifique, va enfin noter les faits, au lieu de noter des principes a priori. On cessera de faire prononciation, des ambiguïtés dans notre écriture. Combien hésitent encore — et cela dure depuis le xviᵉ siècle — entre *Achéron* et *akéron*, *arkiépiscopal* et *archiépiscopal*..., entre *équestre* et *ékestre*, *quadragésime* et *kadragésime*..., etc... Le latin avait représenté le × grec par *ch* (une sorte de *k* suivi d'une aspiration). Mais déjà avant notre ère, ce *ch* n'était plus qu'une spirante analogue au *ch* allemand : dure, devant *a, o, ou* ; douce, devant *e, i*. Cette dernière ressemblait assez à notre *ch*. De là : *Achéron, architecte*... Les Italiens, de leur côté, trompés par l'orthographe de leur langue où *ch* se prononce *k*, disaient *akéron, arki*... On les imita, et l'on crut naïvement revenir à une prononciation grecque, qui n'a jamais existé, sans souci du désordre que cette fantaisie introduisait dans notre lecture.

Pour les grammairiens latins, l'*h* n'était pas une lettre, mais un « signe d'aspiration ». Même, elle était tombée de l'usage : on disait *mi* pour *mihi*, *nil* pour *nihil*. Une mode la rétablit ; et, au temps de saint Augustin, c'était une marque de bonne éducation que d'aspirer. Reprendre une lettre dans l'écriture, c'est chose facile au grammairien ; lui rendre sa vie véritable, c'est une autre affaire — Littré n'a pas été plus heureux avec son *l* mouillée. Les Romains prononçaient cette *h* nouvelle comme le *ch* grec, et l'écrivirent de même : *michi, nichil*. Ce fut l'orthographe courante des chartes du moyen âge. Mais *ch* étant devenu pour les Italiens le symbole de *k* devant *i*, ils dirent : *miki, nikil*. Les Français, à leur mode, prononçaient *nichil* ; d'où ils firent *nichilité*, que nous trouvons encore dans Marguerite de Navarre et qui a été remplacé par *nihilité* dans Montaigne. Cette réforme était due au Collège de France ; et, comme elle consistait uniquement dans la suppression du *c*, elle se fit sans trouble. Vossius l'approuva en se moquant des Italiens. Leur prononciation, dit-il, défendue par Léonard l'Arétin, aurait mis en joie le vieux Crassus qui ne rit qu'une fois

de la phonétique à vide... Dans une vingtaine d'années, ses successeurs s'étonneront fort quand on leur dira qu'il y a eu un temps où l'on en raisonnait et où on l'enseignait sans instrument et sans laboratoire »,

En 1921, une chaire de phonétique expérimentale est fondée pour lui au Collège de France. Ses travaux sont nombreux, fondations de sociétés, revues, applications thérapeutiques, mais son œuvre maîtresse porte le titre de son enseignement et le dernier volume a paru en 1909.

Il faut également citer l'importante contribution qu'il a apportée à la défense nationale pendant la Grande Guerre en collaborant au repérage des pièces ennemies par le son.

Il est décédé le 16 décembre 1924, à l'âge de 78 ans et a été inhumé au Père-Lachaise.

E. ANDRIEU.

en sa vie, en voyant un âne manger des chardons. Les Romains en sont revenus, m'ont dit deux chanteurs de la Chapelle Sixtine, et considèrent *miki* et *nikil* comme vieillis.

Le *qu* latin n'était point un *k* suivi d'un *u* voyelle, ni d'un *u* consonne (*w* anglais), mais une consonne simple, formée à la fois par le rapprochement des lèvres et le contact du dos de la langue avec le palais. Remarquez que ce vers de Virgile

Instar montis equom divina Palladis arte

lu avec *k* + *u* voyelle a une syllabe de trop ; avec *k* + *u* consonne, l'*e* se trouvant long par position, le vers est également faux. Par la suite, le mécanisme du *qu* s'est réduit soit à l'élément labial : *aq-ua, ai-ve, évier,* soit à la gutturale *k* (écrite *c*). Déjà le latin classique avait relin*quo* et reli*c*tus. L'Italien a opéré le même changement devant *e, i* : *che* (*quid*), *chi* (*qui*)... – *ch* = *k* –. Le français a poussé plus loin. Il a aussi : *quoi,* ancien *queid* (*quid*), *qui* (*qui*) — *qu* = *k* — ; mais, de plus, *qua* est aussi passé à *ka* : *katre, kalité* ; on a lu *katuor, kalitas* jusqu'au xvie siècle. Les Italiens ont conservé l'élément labial devant *a* ; et ils me semblent reproduire fidèlement le *qu* latin. Ils ont le sentiment que dans *quatro,* par exemple, ils profèrent *qua* d'une seule émission de voix, tandis que dans *quator* latin, ils « détaillent les lettres *q-u-a* », d'accord avec mes expériences. C'est ce que nos Français ont entendu et reproduit, même en forçant la note De la sorte, *qu* se trouve avoir dans notre alphabet une triple valeur : *k, kou, ku.* Nous avions *qualitas, qualité, quatre* (k) : nous avons adopté *quatuor* (koua) : nous disons *équité* (k), *équation* (kui) ; et nous sommes menacés d'y ajouter *koui.* Nous avons eu autrefois des messes de *rekiem* ; hier, des messes de *rekuiem* ; aujourd'hui, nous avons des messes de *rekuiem* pour la plupart des Français et, vraisemblablement, de *rekouiem* pour quelques autres. Les chanteurs de la Sixtine, que j'ai vus, disent encore *rekuiem.*

Le *c* latin n'avait qu'une seule valeur au temps de Cicéron (Kikero), celle du *k.* Il s'est mouillé depuis devant *e, i* sans changer dans l'écriture ; et, après une longue évolution, il est arrivé en italien à un son que l'on figure grossièrement par *tch,* bien qu'il réponde à un mouvement organique simple, — en français à *s (caelestis).* La différence entre l'italien et le français est une différence d'étapes. Le français est plus avancé et d'une prononciation plus facile et plus stable ; il deviendrait plus aisément international. Mais nous avons déjà deux valeurs pour *c* : *ca* et *ce.* Une troisième serait vraiment de trop. Nous continuerons à dire : Si-sé-ron (Cicéron). Le nom est trop connu. Mais *tchitchérone*, qui se dénonce comme étranger, obtiendrait, avec la nouvelle prononciation latine, droit de cité ; *Cincinnatus* deviendrait *tchintchinnatous* ; et, si le cinéma avait tardé à venir, *tchinéma* aurait eu chance de courir par toutes les bouches. Un son barbare (non italien) serait entré dans notre langue.

Le latin avait deux *u* : le long qui se prononçait *ou* et qui a gardé cette valeur sauf dans les pays à substratum gaulois ; le bref qui se prononçait *o*. On l'écrivait ainsi dans l'ancien latin ; et César, Virgile, conservaient encore l'*o* après une labiale : *equos* (equus), *biduom* (biduum), *vivont* (vivunt). C'est après la République que l'*u* a dominé dans l'écriture ; mais on trouve encore *spiritos, secondos, tequom, aeternom, volomus, somus, toas*, etc. ; *com, con* sont restés dans les composés. La langue parlée a gardé à l'*u* bref sa valeur de *o* : italien *tempo* (tempus), *giorno* (diurnus), ancien français *jorn*, c'est à l'*o* de *jorn* que se rattache l'*ou* de *jour* et non à l'*u* de *diurnus* [1]. *Grabatum* assonait au XIe siècle avec *maison* (poème de S. Alexis).

La prononciation *ou* pour l'*u* bref ne peut venir que d'une confusion de lecture avec l'*u* long. C'est le français qui a gardé à *um* sa vraie valeur. Nous avons déjà *albom* : attendons-nous à voir venir *alboum*. Les philologues allemands ne sont point étrangers à la faveur qu'a obtenue en France parmi les savants la prononciation en -*ous*, -*oum*, qui est celle de leur alphabet.

Mais c'est à eux que nous avons emprunté celle de *gn*. Le groupe *ni*, a donné régulièrement une *n* mouillée (que nous écrivons *gn* : *vinea* devenu *vinia*, vigne). Quant au groupe *gn*, il a une histoire assez compliquée. Le *g* représentait en latin une gutturale nasale, que nous n'avons pas en français et qu'il est difficile de faire comprendre : c'est un *g* (gue) avec émission d'air par le nez. Dans son développement postérieur, ce *g* s'est acheminé vers *y*, a mouillé l'*n* (Italie, Espagne, France), ou bien il est tombé. Telle était l'étape à la fin du moyen âge et au XVIe siècle : *digne* se prononçait alors *dine* ; *signet, sinet* qui seul est resté. A Paris, *agneau* se disait *anneau*.

Scaliger note que les Français prononcent mal le *gn*. La vraie prononciation, il la trouve en Allemagne. C'est celle qui a prévalu pour le latin *magn-us*, tandis que nous disons *mag-ne* en français. Mais la prononciation à l'allemande est passée dans la langue

---

1. N. B — L'*u* bref gardait son timbre naturel, bien qu'il fut compté pour long dans les vers quand il était suivi de deux consonnes · ainsi l'*u* de *turris* (Italien *torre*), de *diurnus* se prononçait *o* (torris. diornos).

usuelle : *stag-nation*, *inexpug-nable*... etc. Nouvelle source d'hésitations.

Nos voyelles nasales sont un objet de railleries pour certains. Ce serait, je crois, un tort de dire que ces voyelles n'étaient pas nasalisées en latin. Dans toutes les langues que j'ai étudiées expérimentalement, la voyelle suivie d'une consonne nasale (*m*, *n*) est plus ou moins nasalisée ; et l'une de celles où elle l'est le plus, c'est l'italien. Ce qui est vrai, c'est : 1° Que la voyelle gardait son timbre, que l'*i*, par exemple, restait *i* et ne devenait pas *è* comme en français (notre *in* est un *è* nasal) ; 2° Que la consonne nasale ne tombait pas, qu'on disait *con-mponere* et non pas *con-ponere*.

L'histoire des voyelles nasales serait longue. Je n'en cueille qu'un simple petit trait, relatif à la prononciation de *im*, *in*.

L'*i* bref latin s'étant confondu avec *é*, le groupe *in* se prononçait *en* ; et dans les emprunts faits à la langue classique, on opérait la substitution : *inclinem* était transcrit *enclin*, et *inclinare encliner*. D'autre fois, on copiait lettre pour lettre : *inimici*, *inimi* dans la cantilène de sainte Eulalie, ixe siècle. De là sont résultés des doublets. Au xvie siècle, on disait par exemple : *cela emporte beaucoup* et *cela est d'importance*. Henri Estienne, qui fait cette remarque, ajoute : « Et cependant j'en connais qui disent *cela importe beaucoup*, mais c'est d'un langage plus moderne et imitant l'italien ». Des dissentiments, des discussions ont suivi, qui durèrent jusqu'au milieu du xviie siècle.

Cependant l'évolution normale de *in* suivait son cours, et se rapprochait de *ain* (prononciation actuelle de *pain*) : *aimpossible*, *aincapable* (Du Val, 1604). En même temps, la prononciation, légèrement italianisée, du latin sortait des écoles et se répandait dans la classe instruite. Pourtant elle était « très difficile en notre langue, avoue Hindret (1687), pour ceux qui n'y ont pas été accoutumés ». C'était « à peu près, ajoute-t-il, comme nos habiles régens et particulièrement les Jésuites nous font prononcer la syllabe *in* dans : *index*, *tinctum*, *instruere* (quelque chose comme *i-ndex*). Il y a quantité de Parisiens qui disent *un aingrat* pour dire *un ingrat*. Il n'y a rien qui sente tant le badaud ». L'*i* nasal était prononcé avec émission d'air par le nez, la pointe de la langue tenue écartée du palais. Il fut accepté par Dangeau (1694), le Père Buffier (1709)... Il avait ses zélateurs. Il eut aussi ses ennemis : Duclos (1733), Bouliette (1760). Un renfort lui vint du côté des musiciens, éblouis sans doute par le succès éclatant (1733-1761) du chanteur Jélyotte, qui l'avait apporté du Béarn, mais avec une voix merveilleuse. A la fin du xviiie siècle, il était tombé en désuétude. « Une mode frivole a cédé au génie de la prononciation française » (Domergue, *La prononciation françoise*, an V).

Qu'arrivera-t-il de notre nouveau *i-n* et de la refonte des nasales latines ?

On nous reproche à l'étranger de ne pas nous soumettre à la loi de l'accent latin. C'est une très vieille querelle. Elle remonte à Charlemagne. Nos contemporains seront-ils plus dociles que ceux du grand empereur ? La chose n'est pas très difficile pour les Français du Midi, pour les Limousins notamment qui ont conservé dans leur langue l'accent mélodique : ils ont la faculté d'abaisser le ton sur les syllabes non accentuées, sans les rendre méconnaissables. Mais les Français du Nord ne savent pas le faire. Les atones latines sont presque entièrement tombées dans leur langue, et la syllabe tonique est la dernière du mot. Quand on leur dit de frapper la tonique, ils frappent la finale latine qui était atone, ou, s'ils frappent la tonique latine, ils mangent les atones avec les formes de flexion ; et un auditeur, placé à certaine distance, ne comprend plus rien. C'est ce qui m'est arrivé à un sermon où des citations latines, qui m'étaient familières du reste, m'arrivaient comme des cris mêlés de silences sur un fond déplaisant de *tché* et de *tchi*. Les futurs orateurs et simples auditeurs des réunions internationales où l'on parlerait latin, auraient tort de compter sur la vertu d'une réforme quelconque de la prononciation latine, pour se faire entendre ou pour entendre, eux-mêmes. On devine que le point essentiel à viser, c'est la connaissance approfondie du latin jointe à l'habitude de le parler.

III

UN PEU DE LATIN... PAR HASARD

par M. Emile Grenier

Depuis quelques années il y a, en France, deux manières de prononcer le latin. Jusqu'alors, on s'était contenté de le prononcer à la française, et nul ne songeait à s'en offusquer. Mais certaines personnes se sont avisées de trouver cette prononciation malsonnante, et veulent nous convaincre qu'il est bien préférable de dire, comme les Italiens, *secoundoum verboum lououm*, au lieu de *secundum verbum luum*. Cette initiative a été prise, croyons-nous, par un membre du haut clergé : il a été suivi par un certain nombre de ses collègues dans l'épiscopat.

Il nous est arrivé, il y a deux ou trois ans, d'assister à une messe chantée dans un collège de la région : dès les premiers mots du *Gloria : Hominibous bonae volountatis*, nous dûmes reconnaître que l'italien y avait pénétré. Un peu plus tard, dans une paroisse du même diocèse, au cours d'un service funèbre, nous pûmes constater que le célébrant *italianisait*, tandis que le lutrin chantait à la française. Le contraste était choquant et même quelque peu ridicule : il se manifeste encore en maints endroits.

Dans notre arrondissement, la contagion n'a pas fait de grands progrès. A Brioude et dans toutes les principales paroisses, on reste fidèle à la tradition française : mais, dans quelques églises rurales, on signale l'apparition des *ous*, probablement importés du grand séminaire.

Quant à l'Université, elle ne paraît pas se laisser entraîner dans le mouvement ; et, si la prononciation italienne prévalait dans les milieux ecclésiastiques, il y aurait désormais en France deux manières de prononcer le latin. Est-ce désirable ?

On veut innover, on veut changer des habitudes séculaires. Il faut justifier cette tentative. Comment le fait-on ? J'ai posé la question à quelques-uns de ses partisans. C'est surtout, m'a-t-on répondu, parce qu'il est permis de croire que c'est ainsi que se prononçait le latin dans l'ancienne Rome : qu'il est à présumer que la prononciation d'Horace, Virgile, Cicéron s'est mieux conservée dans le pays qui est le berceau de leur langue que chez les peuples néo-latins qui l'ont parlée beaucoup plus tard.

Voilà le principal, on peut dire le seul argument des innovateurs ; demandons-nous ce qu'il vaut.

**
*

Rappelons d'abord que le latin est une langue morte, que tous les peuples lisent, écrivent, traduisent, mais qu'aucun ne parle. Il n'existe donc actuellement pas de prononciation que l'on puisse considérer comme type, comme modèle. Qu'il soit prononcé d'une façon ou d'une autre, la valeur éducatrice du latin reste la même, et les incomparables chefs-d'œuvre qu'il nous a légués ont le même relief, le même attrait. Leur étude n'est en rien facilitée par une modification de la prononciation, et nos latinistes ont, de tout temps, pu rivaliser, à cet égard. avec ceux qui se prétendent les descendants et les héritiers mieux qualifiés des Romains d'autrefois.

D'ailleurs, la vérité est tout autre.

A la suite des grandes invasions des IVe, Ve et VIe siècles qui submergèrent la civilisation romaine et faillirent en amener l'anéantissement complet, la langue latine ne résista pas, et la superposition des idiomes germaniques, danubiens et autres, lui fit subir des altérations si profondes que c'est miracle qu'elle n'ait pas entièrement disparu. L'Église la conserva jalousement, quelques couvents sauvèrent de la destruction, sciemment ou inconsciemment, les chefs-d'œuvre qui sont la base de notre enseignement secondaire, et Horace qui se flattait d'avoir élevé un monument plus impérissable que l'airain « *monumentum ære perennius* » n'a dû probablement son salut qu'à quelque circonstance fortuite, tout à fait en dehors de ses prévisions. La submersion fut si complète, il en résulta un tel bouleversement que nous ne pensons pas que l'histoire offre un spectacle plus saisissant que le contraste de la société romaine finissante et de la barbarie du moyen âge qui l'a remplacée. Et cependant le génie, l'esprit latin n'étaient pas morts, l'étincelle couvait sous la cendre et le vaincu était destiné à redevenir vainqueur.

Dans ce désarroi extraordinaire, que devenait la langue populaire ? Elle était sinon abolie, au moins profondément altérée comme nous l'avons dit. Regardons-y d'un peu plus près.

Les caractéristiques du latin, la concision, la netteté, l'énergie sont dues à la suppression presque complète de l'article, du pronom personnel, des prépositions (de, par, à) et à l'emploi très restreint des verbes auxiliaires. Une simple modification de désinence remplace l'article et le pronom, et c'est ainsi que le latin peut exprimer un sens complet en beaucoup moins de mots. Eh bien ! pas plus que les Français ou les Espagnols, les Italiens ne peuvent invoquer ce trait de ressemblance.

Le contraste est bien net, et ils font même de l'article un usage surabondant en le plaçant souvent, sans utilité, devant un déterminatif « *il mio tesoro* » mon trésor. La dissemblance est frappante. Observons en passant, ce n'est pas sans intérêt, que les patois gardent mieux l'empreinte latine : c'est ainsi que le patois brivadois, comme le latin dont il conserve beaucoup de mots, supprime le pronom personnel dans les conjugaisons. Ainsi l'on dit *spitarai, spitara, spitaro, spitaren*, au lieu de j'attendrai, *tu* attendras, *il* attendra, *nous* attendrons, (*exspectare*), ou encore « *que voudria que faguesse ?* » que voudrais-tu que je fasse ; « *zo bien plidiu, belli setsaro mai que voudrians* » il a bien plu, peut-être fera-t-il plus sec que nous ne voudrions.

Certaines régions rustiques peu accessibles ont été moins envahies que la plaine ou les villes : les effets de la superposition des idiomes étrangers y ont été moins complets. En particulier, les idiomes locaux de notre région ont gardé assez intacte l'empreinte latine.

J'ai dit que le latin dédaignait l'emploi des verbes auxiliaires qu'il utilise seulement pour la forme passive ou déponente. Les langues néo-latines en font au contraire un usage un peu excessif, car on ne comprendrait guère, n'était l'habitude prise, l'accouplement des deux auxiliaires dans un même temps de verbe : *nous avons été surpris... obstupuimus*. Comment méconnaître en ceci l'influence germanique ? On sait que l'allemand a jusqu'à trois auxiliaires.

Voilà des altérations bien profondes, et nous ne sommes pas au bout. Que dire en effet de l'*inversion* qui donne au latin une physionomie si particulière, un cachet si original. La phrase romaine présente à cet égard, avec les phrases italiennes, françaises, espagnoles, de telles dissemblances, que l'élève traducteur y trouve la plus grande difficulté.

Comment donc soutenir que les Italiens qui n'ont guère conservé que les mots, et n'ont pu sauver ce qui faisait le fonds même de la langue, la grammaire, les constructions, ce qui se fixe par l'écriture, auraient au contraire sauvé la prononciation, ce qui n'a aucune fixité, ce qui est *en l'air*, si je puis m'exprimer ainsi.

Ils ne l'ont pas sauvée, ils l'ont perdue et nous pouvons en donner la preuve.

*
* *

En latin, toute syllabe est brève ou longue : on glisse sur l'une, on appuie sur l'autre, et c'est dans ces alternances que, s'inspirant de l'exemple des Grecs, les Romains ont trouvé les règles de leur prosodie. L'étude de leurs œuvres ne nous laisse rien ignorer à cet égard. Les syllabes dites *douteuses* sont les syllabes qui, longues si le mot suivant commence par une consonne, sont brèves s'il commence par une voyelle. Nous savons encore que les Romains élidaient certaines syllabes finales, c'est-à-dire les supprimaient quand elles rencontraient une voyelle, et comme nous connaissons les règles de la prosodie latine avec la plus grande précision, nous pouvons affirmer notamment que le *j* était une consonne, puisque les *douteuses* qui le rencontrent dans le corps du vers deviennent longues.

Un exemple : deux vers d'Horace bien connus.

> *Dixeris egregie notum si callida verbum*
> *Reddiderit junctura novum.*

La dernière syllabe de *Dixeris* est brève parce qu'elle précède une voyelle. La dernière syllabe de *reddiderit* est et doit être longue puisqu'elle précède un *j* consonne. Or, si les Italiens, qui prononcent le *j* comme l'*i* voyelle (*iot* germanique), étaient dans le vrai, cette syllabe serait brève et le vers serait faux.

Les Italiens disent et voudraient nous faire dire *Iesous* au lieu de *Jesus*, *iouvenis* au lieu de *juvenis*, *ioustous*, *ioustitia* au lieu de *justus justitia*, *iam* au lieu de *jam*. Non seulement ils rendent ainsi brèves des syllabes qui doivent être longues, mais ils rendent inévitables des élisions qui suppriment des syllabes nécessaires et rendent le vers boiteux. Exemple :

> *Fundit humo facilem victum justissima tellus*
> . . . .
> *Discite justitiam moniti et non temnere divos.*

si le *j* était une voyelle, les dernières syllabes de *victum* et de *discite* s'élideraient et les vers seraient faux.

Les Italiens prononcent les consonnes *c* et *g* d'une manière spéciale : *tche*, *dge*, ainsi *andgelus* au lieu de *angelus* et ils disent (ou disaient) *Evviva la Frantchia* au lieu de *Francia*. Cette prononciation allonge certainement des brèves latines sur lesquelles il est impossible de glisser.

Multa renascentur quæ jam CECIDERE *cadentque*

ou encore

Nunc AGE *naturas apibus quas Jupiter ipse*
Addidit...

Et l'adverbe *jam*, si usité, que devient-il entre deux voyelle si le *j* se prononce comme un *i* ?

Il convient de nous arrêter un instant sur la lettre *u* que les italianisants prononcent *ou*, en toute circonstance, en nous faisant grief de la prononcer *o* quand elle est suivi d'un *m*, *Dominom* au lieu de *Dominoum*, sans en donner la raison.

Je demandais un jour à l'un de ces italianisants comment il prononçait en latin la dipthongue *eu*, par exemple dans *Orpheus*, *Proteus*.

— Mais, me dit-il, c'est bien simple je dis *Orphéous*, *Protéous*.

— Bien, répondis-je : alors voilà des mots qui ont trois syllabes et qui cependant formant le spondée final de vers de Virgile ne peuvent en avoir que deux.

Illa : quis et me, inquit, miseram, et te perdidit, Orpheu ?

et encore

...tibi has miserabilis Orpheus

Ces vers seraient donc faux.

Laissons les noms propres et prenons les premiers vers d'une satire d'Horace :

Qui fit, Mæcenas, ut nemo quem sibi sortem
SEU ratio dederit, seu fors objeceril, illa
Contentus vivat...

Si vous prononcez *scou* et non *seu* le vers est faux.

Cette prononciation est donc, au moins dans certains cas, vicieuse, plus vicieuse que la nôtre, qui du moins, ne fausse pas le vers.

D'autres fautes nous paraissent communes. C'est ainsi qu'on doit croire que l'*u* suivi d'un *e* ou d'un *a*, comme dans SUAdere, *mansu*ESCere, devait absorber la voyelle qui le suivait :

Ainsi dans le vers

Nescioque humanis precibus MANSUESCERE *corda*

la prononciation italienne est fautive comme la nôtre, car on aurait un dactyle à quatre syllabes.

Pour reparler encore de notre patois brivadois, remarquons qu'il fait un usage fréquent de la diphtongue *ou*, mais qu'elle remplace ordinairement l'*o* et non pas l'*u* : ainsi *fouan* pour « fontaine, *fons* », *coume* ? pour « comment allez-vous ? »

*
* *

On peut donc conclure qu'après l'invasion des Barbares, il n'est resté du latin qui se parlait en Italie comme chez les peuples voisins, que des mots ; grammaire, syntaxe, prononciation, tout a disparu. Et l'altération a été plus profonde encore en Italie que chez les néo-latins, ce qui s'explique. Rome fut, en effet, dès le début, le point de mire des envahisseurs ; c'était la ville d'or, la grande cité dont le nom retentissait partout, où s'étaient accumulées des richesses fabuleuses. C'est vers elle que se précipitèrent les hordes dévastatrices qui firent tant de ruines.

Comment être surpris des altérations si profondes du langage populaire ? Les Barbares tuèrent le latin comme langue vivante, heureusement ils ne purent l'anéantir, et des plus belles œuvres du génie latin, quelques volumes seulement se retrouvèrent sous les décombres pour devenir la base de notre formation intellectuelle.

Qu'importe que la prononciation soit perdue sans aucune chance de la retrouver ! Elle n'a jamais été nécessaire à l'étude de la langue, à la compréhension des chefs-d'œuvre que nous possédons, et les grands hommes du xviie siècle, les Racine, les Boileau, les Bossuet et tant d'autres, étaient aussi bons latinistes que n'importe quel Italien, et prononçaient à la française comme nous et comme ceux qui les avaient précédés. Il n'y a donc absolument aucune raison pour renoncer à notre prononciation traditionnelle et plusieurs fois séculaire, alors même qu'elle serait défectueuse, pour adopter la prononciation italienne qui l'est certainement beaucoup plus et dont l'adoption par une partie des Français n'aboutirait au surplus qu'à une cacophonie très déplaisante.

*
* *

Un mot, pour finir, de l'influence qu'a eue sur la poésie latine et par contre-coup sur la poésie française, la disparition de la prononciation primitive, celle de Virgile, de Cicéron, d'Horace, de Tacite.

La déclamation du vers latin devait être une cadence plutôt qu'une récitation. On appuyait sur les longues et l'on glissait sur les brèves avec une intonation dont nous ne pouvons guère nous faire une idée. Horace appelait l'iambe *pes citus*, pied rapide, sans doute par opposition au spondée, pied lent. Il y avait donc un mouvement, un rythme dans leur diction.

Les Italiens ont bien imaginé de placer *l'accent tonique* sur certaines syllabes : et ils élèvent sensiblement la voix sur ces syllabes, mais cela n'a rien de commun avec la cadence romaine, et ils ne se gênent aucunement pour placer cet accent sur des brèves latines comme, par exemple, dans *propter nos* Homines ou encore : *te* Joseph celebrent, *te cuncti* Resonent, et l'on ne voit pas en conséquence comment ils pourraient prétendre se relier ainsi à la cadence du vers latin.

Après l'invasion qui ne laissa rien subsister, il n'y eut d'autre poésie latine que la poésie religieuse, et les premiers auteurs d'hymnes continuent à suivre les règles de la prosodie. Mais la prononciation étant perdue, et leurs œuvres ayant été adaptées à une musique nouvelle qui n'avait aucun souci des brèves et des longues, on se contente bientôt de compter les syllabes sans les peser, on recherche les consonnances pour finir les vers afin de remplacer la cadence disparue, et bientôt la rime fut installée en souveraine.

De là ces proses en séquences rimées en strophes de trois vers. telles que l'*O filii*, le *Veni sancte spiritus*, le *Dies iræ*, en octosyllabes, le *Stabat*, le *Pange lingua*, composés de vers octosyllabes et heptasyllabes alternées et tant d'autres... Les premiers poètes français ne pouvaient faire mieux ni autrement que de suivre ces exemples et il n'y a pas lieu de le regretter, car la poésie rimée a donné naissance à des chefs-d'œuvre dont la France a lieu d'être fière et qui peuvent prendre place à côté de ceux du siècle d'Auguste.

Continuons à admirer les poèmes latins sans les défigurer en les habillant d'une prononciation exotique qui choque nos habitudes séculaires sans procurer aucun avantage. N'empruntons pas à nos voisins Italiens, et continuons de parler et de chanter le latin à la française. Il n'y perdra rien.

IV

NOTES SUR LA PRONONCIATION DU LATIN
DANS L'ÉGLISE DE FRANCE

PAR

LE LIEUTENANT-COLONEL E. ANDRIEU

MEMBRE RÉSIDANT

Un certain nombre de diocèses de France ont adopté, depuis quelques années, une prononciation du latin dite « à la romaine ». De son côté, l'Université avait bien cherché à remonter à l'ancienne langue parlée ; mais, en présence des difficultés rencontrées, elle était revenue bien vite à la tradition nationale.

D'autre part, devant la faillite des idiomes internationaux conventionnels, quelques esprits ont pensé à les remplacer par le latin, langue universelle. La réforme récente de l'enseignement ayant réhabilité les études classiques, l'opinion s'est émue et elle a eu un écho au sein de l'Académie des Arts, Sciences et Belles-Lettres de Dijon au cours de ces deux dernières années.

C'est cet écho qui est traduit par les huit communications suivantes, présentées dans leur ordre chronologique, par M. le Lt-Colonel Andrieu. Quoique s'appuyant sur des principes différents, nous avons cru utile de les publier ici à nouveau, car elles aboutissent encore aux mêmes conclusions.

1

Non didici sapientiam et non novi scientiam sanctorum.   (Pr., xxx, 3).

Quelle que soit l'idée qui a guidé l'instigateur de la réforme concernant la prononciation du latin dans l'Église de France, on ne peut admettre comme plausible — du moins en apparence — que l'une des trois raisons suivantes :

1º Revenir à la langue des premiers chrétiens ;

2º Adopter la prononciation italienne, comme étant la seule orthodoxe, parce qu'elle émane d'une nation que l'on doit considérer comme le conservatoire naturel du latin ;

3º Employer, par esprit de discipline, la même prononciation que le chef de l'Église catholique.

Dans ce dernier cas, avant toute généralisation de la mesure en question, il y a lieu de remarquer que, si le pape est aujourd'hui italien, il peut, à une autre époque, ne pas l'être. Par conséquent, il n'y a qu'à discuter les deux premiers points. Les arguments sont, d'ailleurs, de même ordre, ils reposent sur les lois *expérimentales* et non conventionnelles de la linguistique.

Tout d'abord, il faut reconnaître que le pape, avec prudence, n'a pas imposé la réforme et que bien des diocèses, heureusement doués de bon sens pratique, n'ont pas voulu entraîner les fidèles dans un enseignement nouveau où les directives didactiques manquaient. Autrement, l'École elle-même devrait ouvrir la voie et modifier son programme en conséquence. Mais alors, pour juger de l'opportunité de son adoption, il faudrait faire appel aux compétences que l'on n'a pas jugé à propos de consulter.

Or, le latin liturgique n'est pas la langue des premiers chrétiens ; puisqu'il est l'émanation des Écritures, il est une traduction, à des époques différentes, du grec, qui lui-même est une traduction des manuscrits originaux, sauf pour trois des évangiles synoptiques, dont il est la langue d'origine.

S'il est admis que l'Église de Rome est la mère et la maîtresse des autres Églises, il n'en est pas moins vrai que le nom de chrétiens a été donné auparavant, pour la première fois, aux membres de l'Église d'Antioche, car la petite société communiste primitive de Jérusalem ne portait pas encore ce titre (*Acta*, xi, 26.)

Mais, même à Rome, où il avait trouvé tout d'abord une partie de la colonie juive, l'Apôtre parla grec.

Admettons, cependant, que le latin devint vite le langage populaire de l'Église, eh bien ! il est impossible de préciser les règles de la prononciation à cette époque ; je dirai plus, certains indices grammaticaux sont de nature à infirmer les tendances actuelles.

Les langues se modifient plus promptement que les races, elles sont soumises aux lois générales de l'évolution.

Au début, exclusivement parlées, elles renfermaient peu de mots, proportionnés aux besoins et aux nécessités de la vie de relation ; ces mots avaient le sens le plus compréhensif, un seul servait à traduire plusieurs idées différentes, de là, l'obscurité de la pensée et le peu de solidité des bases de l'histoire à ses origines. Chaque siècle apporte des restrictions au sens des mots, c'est la division du travail intellectuel.

Alors, apparaissent les lois générales de variation et de sélection naturelle dont les causes sont :

1º L'interdépendance des peuples s'accentuant de plus en plus, avec le temps, sous l'influence des progrès apportés dans les facilités de communications.

2º Le développement des sciences et des arts nécessitant des néologismes, qui ont un puissant pouvoir sélectif à l'égard d'anciennes locutions qui sont destinées à disparaître ou tout au moins à devenir en quelque sorte fossiles.

Puisque la mémoire de l'homme est limitée, il faut bien qu'il y ait une limite à l'accroissement indéfini du vocabulaire. La disparition des anciens mots doit être à peu près proportionnelle à la mise en circulation des nouveaux.

3º Les événements politiques, les conflits guerriers. C'est ainsi que l'introduction du français en Grande-Bretagne par Guillaume le Conquérant a modifié profondément l'anglo-saxon. C'est de cette alliance hybride qu'est né, en partie l'anglais moderne, qui nous renvoie souvent, sous une forme qui enthousiasme les snobs ignorants, certaines expressions françaises altérées, mais qui seraient beaucoup plus élégantes au naturel.

La sélection dans les langues amène les conséquences suivantes :

1º Leur extinction progressive ;
2º Disparition de celles qui sont éteintes ;
3º Progrès lexicologiques.

En plus des causes précédentes, les variations d'une langue sont dues aussi aux modifications successives apportées dans la prononciation, ou modifications phonétiques, par suite du rendement des organes physiologiques, de la structure de l'oreille et des cordes vocales.

Chaque peuple a le langage adéquat à ses organes (et l'orthographe ne suit pas des lois synchrones).

A ce titre, une nation quelconque d'origine latine, au moins quant à la langue, est en droit de revendiquer l'orthodoxie de la prononciation. D'une source commune, plusieurs courants sont issus, chacun prétend à la pureté originelle. Au fond, tout le monde reconnaît le néant d'une telle prétention, les novateurs eux-mêmes n'en ont cure et la réforme s'étend. Dernièrement encore, un prince de l'Église, que la presse salue de souverain juge, estime qu'il est temps de prononcer le latin *à la romaine* !

Un de ses subordonnés, qui, lui, est un savant linguiste, professe que les Français prononcent mal le latin, mais il veut bien reconnaître que les autres peuples ne le prononcent guère mieux.

Il y a tout de même quelque chose en faveur de ces derniers. Du reste, remarquez que quand un compatriote commence une phrase en disant « le ou les Français », c'est pour rendre cet arrêt que *nous* sommes au-dessous de tout et que les étrangers seuls ont de la valeur. Cela n'empêche que l'adoption de la prononciation romaine serait tout de même une nouvelle mauvaise manière, parce que le bon fidèle obéissant l'écorchera davantage et c'est pour le coup qu'il sera ridicule d'avoir changé son cheval borgne contre un aveugle.

Le linguiste, pour mettre tout le monde d'accord, estime que l'on peut parfaitement reconstituer la prononciation normale, parce que les éléments ne manquent pas pour éclairer sa lanterne, qui deviendra le phare mondial donnant la lumière à toute la chrétienté.

S'il veut bien reconnaître que la prononciation d'une langue est variable, que cette langue elle-même se modifie avec le temps dans ses formes, son vocabulaire et sa syntaxe, il n'envisage qu'une époque, celle, je le reconnais, où les grammairiens ont le mieux discuté sur la prononciation. C'est un point de départ comme un autre, mais ce n'est qu'une phase dans

l'évolution de la langue. Pourquoi celle-là plutôt qu'une autre ?
Tout le monde sait que le latin de l'Église n'a rien de cicéro-
nien. Je me hâte d'ajouter que cela ne lui enlève rien de sa
beauté, c'était la langue du peuple et c'est le peuple qui fait
la langue, c'est pourquoi elle a évolué.

Exemple : le pronom personnel *je* vient du latin *ego*. Cela
peut paraître étrange *a priori*. En voici la suite logique. Le
gosier français n'est pas construit naturellement pour les
sons gutturaux, alors au neuvième siècle, *ego* est devenu *eo*,
par la disparition du *g* dit intervocalique.

Au dixième siècle, *eo* est devenu *io*, par le changement de
e en *i*. Ces deux voyelles se prononcent, en effet, presque sans
modification de l'ouverture des lèvres, *la réciproque a lieu
quelquefois* [1].

> *Cum io serai à Loün en ma cambre* [2].

Au douzième siècle, *io* est devenu *jo*, le *j* remplaçant souvent
l'*i*. Au treizième, *jo* est devenu *je*, mais pas d'une façon
absolue, car on trouve souvent depuis *ie* pour *je* (Montaigne,
XVI) [3]. Ces deux lettres sont, en effet, employées indifférem-
ment dans notre ancien langage.

Chose curieuse, les Italiens en sont encore à notre prononciation du dixième siècle ; pour ce vocable, ils disent *io*, et
quand ils veulent parler français, comme le *j* a disparu de
leur alphabet, où il était autrefois une voyelle, ils disent : *ie*.

Le *k* et l'*y* n'existent pas non plus chez eux, ils ont simplifié
beaucoup l'orthographe (*ortografia*), probablement pour effacer les origines grecques de certains mots ; mais, de ce fait,
ils ont tronqué le latin au fur et à mesure du cours des âges,
ils le prononcent à l'italienne, alors que nous, nous l'avons

---

1. Déjà en mars 842, on voit en même temps dans les serments de Stras-
bourg *eo* pour *ego* employé par les soldats de Charles le Chauve et *io* employé
par Louis le Germanique.
2. Onzième siècle, vers 910 de la chanson de Roland.
3. Exemples de transformation : *ligo, lio* = je lie ; *nego, neo* = je nie ; *sex*
= six ; *rabiem, rabjem* = rage.

respecté, par raison d'étymologie, c'est-à-dire par esprit de logique. C'est ainsi que dans le Ἰησοῦς grec, nous avons gardé, en lui donnant la forme du *j* pour l'euphonie, l'initiale symbolique, alors que les Italiens ont écrit *Gésu* avec un G qui se prononce *Dj, Dyésoù*. Quoique ce soit vraisemblablement une traduction phonétique, c'est déjà une atteinte au principe de restitution unilatérale du latin primitif.

Mais la pierre angulaire de la prononciation c'est l'U. Le professeur nous affirme qu'il devait avoir le même son que le U moderne des Italiens, des Espagnols, des Allemands. Ah ! les Allemands ! j'aurais été étonné de ne pas les voir apparaître dans cette question !

A l'appui de cette affirmation, il nous cite cette phrase du rhéteur Marius Victorinus :

« *U litteram nisi per* ou *conjonctam Græci scribere et pronontiare non possunt* ».

Eh bien ! si l'on suppose, pour un instant, qu'il s'agisse du français moderne, au lieu du latin, on peut énoncer la même phrase en mettant à la place de *Græci* les mots *Italiani, Hispani*, et même *Germani*, si vous y tenez, sans que cela prouve que notre U se prononce *ou* chez nous, mais bien qu'il se prononce ainsi chez les Italiens, les Espagnols et chez les Boches qui veulent parler français. Cependant les Allemands ont bien un *u* adouci et ils en ont un autre non adouci, qui ne se prononce pas *ou*, exemple dans *Leute* et je serais curieux de savoir comment les Italiens, les Espagnols et même les Grecs le prononcent.

Quant aux lois de transformation du timbre de l'*u* latin, suivant la quantité, long ou bref, je serais plutôt porté à y voir une différence de son à l'origine.

Que dire, en effet, de ce jeu de mots de Cicéron, interpellant le fils d'un cuisinier dans une plaidoirie :

« *Tibi, quoque favebo* » (comme le « *Tu quoque, mi fili* », de César) qu'il rapprochait ainsi de :

« *Tibi, coque, favebo* » (vocatif de *coquus*, le cuisinier).

Est-ce que cela ne laisse pas entendre que *quo* se prononçait *ko* et non *cou-o* ?

Nous prenons sur le vif l'évolution de la prononciation, quand le grammairien Pompeius Sextus Festus dit au mot : *Orata* : « *Aurum, rustici orum dicebant, ut auriculas, oriculas* ». *Rustici*, c'est la postérité, c'est nous ! Et quand Suétone rapporte que Vespasien prononça un jour *plostra* pour *plaustra* (*plaoustra* !), ce dont le reprit le consulaire Metrius Florus, j'y vois plutôt un indice du temps qu'une faute de langage, et une pédanterie de la part de Florus vis-à-vis de ce *rusticus* qu'était Vespasien.

On nous affirme qu'à cette époque, le *c* devait se prononcer *k*, car Plutarque écrit, un siècle après : Κικέρων, le nom du grand orateur.

C'est discutable, car il est bien probable qu'il devait y avoir une différence de prononciation entre le κ et le χ. Du reste, elle existe de nos jours, le κ se prononce comme une chuintante slave *chi, che*, et les Italiens font à peu près de même avec le *c* qu'ils appellent *tchi*, en faisant sonner devant, la lettre *t*, *Cicerone* et *Sicilia* se prononcent *Tchitcherone* et *Sitchilia*. En général, un peuple étranger ne cherche pas la similitude de son, mais l'orthographe, et quand une lettre manque, il faut bien employer celle qui se rapproche le plus de l'exactitude ; les Grecs ne pouvaient vraiment pas se servir du γ pour remplacer le *c*.

Est-ce que l'orthographe de Shakespeare ou de Newton correspond à la prononciation ?

Ce qu'il y a de certain, c'est que si le *c* a été dur, ou plutôt chuintant devant toutes les voyelles, il s'est adouci devant *e, œ* et *i* et, peu de temps après, témoin ce vers du quatrième siècle sur Vénus, qui est certainement fait pour faire ressortir les assonances de trois syllabes, troisième, huitième et quatorzième, dont deux commencent par *s* et la troisième par *c* :

Ortă sălo, suscepta solo, patre edita caelo[1].

Quand j'entends un professeur dire les dentales *d* et *t* se prononceraient *à peu pres* comme en français, je souris en pensant aux Alsaciens et j'admire la précision du maître.

En somme, les arguments ne s'imposent pas et, d'ailleurs, ils s'échelonnent sur plusieurs siècles et alors nous tombons dans l'incertitude. Ce qui n'empêche pas de créer des lois rigides de phonétique, telle que l'apophonie vocalique, concernant les nuances voisines distinctes d'une même racine, qui n'expliquent pas l'euphonie réflexe des gens, née des conditions physiologiques de l'audition et de la parole chez les différentes races.

Quelles seront les règles de diction ? Comment les justifier ? Au nom de quels principes veut-on remonter dans un passé incertain et mouvant dont on ignore la plupart des transformations successives ? Ainsi comment prononçait-on Βασιλεῦς en grec ancien, alors que maintenant il se prononce *Vasileff?*

Comment veut-on imposer aux fidèles de culture si variée et surtout si inégale une unification de prononciation arbitraire pour une langue morte, alors qu'il est si difficile d'homogénéiser la diction de la langue maternelle dans le même pays?

Ce n'est même pas la prononciation italienne, l'aveu en est fait, c'est la prononciation romaine (?). Mais quelle aberration, vouloir l'imposer en quelques semaines, sans souci de ce qu'il y a de délicat et de difficile pour le vulgaire, dans le sens de l'accent tonique et de la quantité, pour n'avoir égard, en somme, qu'à ce qui peut le plus frapper l'esprit, ce *hou !* (pour l'*u*) qui est comme un cri de honte et l'abdication de la personnalité nationale, c'est jeter l'anathème sur notre prononciation, c'est méconnaître la loi du temps, l'inertie de l'esprit des masses, la force de l'habitude, et disons-le,

---

1. Ce qui serait intéressant à ce point de vue, c'est l'étude de la sténographie antique : les notes tironiennes ne représentant que les sons de la prononciation.

la logique grammaticale. C'est bien prendre plaisir à compliquer les choses, vain désir d'exercer un acte d'autorité inutile sur le troupeau des fidèles do iles et, passez-moi cette expression née de la guerre : un bourrage de crânes.

Que ceux qui ont inventé cette prononciation fassent donc amende honorable, battent leur coulpe avec confusion, en chantant ce verset qui précède celui de mon épigraphe sur le mode lourd et sourd qui leur est cher :

Stultissimus sum virorum ! (*Pr.,* **xxx,** 2.)

(*Séance du 4 novembre* **1922**.)

II.

Les « quelques notes sur la prononciation latine du latin » que M. de Curzon a publiées dans le numéro 1184 du *Ménestrel*, en date du 7 avril 1922, non seulement corroborent mon opinion, mais encore invoquent quelques principes sur lesquels je m'étais appuyé. L'auteur cite même, en le complétant, un exemple typique que j'avais présenté.

Toutefois, il me paraît un peu trop absolu en ce qui concerne la prononciation dure de la lettre C, car il a bien fallu qu'elle s'adoucisse dans certains mots pour arriver aux cas actuels où elle l'est en français.

Le vers latin du quatrième siècle que j'ai cité me semble suffisamment probant.

Par contre, M. de Curzon s'est étendu avec à-propos sur les transformations et les prononciations les plus caractéristiques et les mieux appropriées à la question, je n'ai pas à y revenir ; j'enregistre simplement quelques arguments de plus à l'appui de ma thèse.

Ce que j'ai dit au sujet de l'U, n'est pas une boutade. Je suis le premier à le reconnaître - et je l'ai dit à propos de la

« quantité » — on a dû prononcer cette lettre de plusieurs manières à la même époque, témoin ce vers de Virgile, célèbre par sa poésie imitative :

Quadrupedante putrem sonitu quatit ungula campum

où sur 7 U, il y en a quatre brefs et trois longs.

Les transformations très différentes, apportées ensuite dans la succession des âges, ne sont pas de nature à nous permettre d'admettre une seule façon nouvelle, pas plus qu'ancienne, de prononcer cette malheureuse lettre.

Par analogie, voici, à titre de curiosité, comment un professeur américain de l'Université d'Harward, faisant une très remarquable et très élégante conférence en français, a prononcé notre U :

U pur dans : subjectif, humain, refuse, plus, commune, lequel, qui.

U lourd (*ou*) dans autrui, depuis, lui, suivre.

Mais, où la question change complètement d'aspect, c'est dans sa raison d'être, que quelques-uns admettent certainement avec sincérité, mais qui n'est qu'un prétexte pour donner le change au public naïf : la restauration de l'art grégorien !

Comme si la réforme de Grégoire le Grand, au sixième siècle, avait porté sur la prononciation, ou si elle ne pouvait s'établir que sur une diction uniforme dans toute la chrétienté, si hétérogène dans sa composition ethnique à cette époque.

C'est enfantin et anti-musical. Aussi n'avais-je pas cru devoir, tout d'abord, y faire allusion. Les protagonistes de la réforme actuelle ne pouvant logiquement soutenir les trois raisons, seules plausibles, qui se présentent à l'esprit et que j'ai invoquées, ont trouvé ce moyen dilatoire aux apparences scientifiques, qui a vivement frappé certaines personnes de bonne foi, enthousiasmé les snobs et entraîné les ignorants.

Je ne me suis pas fait d'illusion à ce sujet. En 1909, un livre technique sur la question a paru, sa dédicace ne laisse aucun doute sur les tendances de ce mouvement irrationnel.

Enfin, j'ai estimé également inutile de rappeler comment l'italien et l'espagnol dérivent peut-être d'une même souche, qui est notre langue maternelle romane[1], issue du latin, parce que les peuples de ces nationalités ne peuvent, pas plus que nous, revendiquer l'orthodoxie de la prononciation.

Mais ce qui est incontestable, c'est que le latin a évolué sous trois formes principales différentes ; il est vain de remonter à l'origine par une seule voie, il est absurde d'accorder plus de valeur à l'une qu'aux deux autres, et il est à peu près impossible de fixer la valeur des phonèmes dans le temps, au gré des pseudo-grégoriens modernes.

Il y a aussi un principe des nationalités dans la prononciation des langues !

(*Séance du 4 novembre* **1922.**)

III

Il me paraît nécessaire de compléter la communication que j'ai eu l'honneur de présenter à l'Académie le 4 novembre dernier, au sujet de la prononciation du latin, par quelques observations relatives à l'origine de la question.

Cette origine a été exposée par M. Maurice Enoch, dans le n° 113 du *Larousse mensuel illustré*, paru en juillet 1916 ; elle remonterait, d'après lui, à l'année 1912 ou à l'année 1913. Or, j'ai cité un livre technique sur la prononciation normale du latin, paru en 1909, et c'est avec raison que j'ai prétendu que l'Université n'avait pas été consultée. D'ailleurs, elle ne pouvait pas l'être, puisque chaque diocèse agit pour son compte et qu'aucun d'eux n'est qualifié pour représenter l'Église de France auprès de l'Université. Toutefois, celle-ci s'était déjà occupée de la question au point de vue de l'his-

---

1. Des philologues l'ont contesté.

toire de notre langue, puisqu'elle entre dans le domaine de son enseignement, mais ses principes sont d'un ordre tout différent et conduisent à ce que l'on a appelé la prononciation *restituée*. « En présence des contradictions qui divisaient les fauteurs de réformes, le Ministre de l'instruction publique, qui les avait encouragés par une circulaire du 30 avril 1910, prescrivit le retour à la tradition dans la circulaire du 10 mars 1913 ». Cela juge tout essai de ce genre !

D'autre part, dans son *Motu proprio*, du 22 novembre 1904, Pie X avait recommandé la restauration du chant grégorien, auquel les premiers promoteurs associèrent d'eux-mêmes la prononciation italienne du latin, à tel point que, plus tard, dans une lettre à l'archevêque de Bourges, en date du 10 juillet 1912, le pape estimait que la prononciation latine, usitée à Rome, était plus appropriée à la mélodie et au rythme de la phrase grégorienne. J'ai dit ce que j'en pensais.

Si l'on étudie la phonétique des deux systèmes, on constate que la prononciation *romaine* possède seulement quelques points communs avec la prononciation *restituée* ou universitaire, mais qu'elle s'en écarte par bien d'autres points, donc elles diffèrent.

En résumé, l'article du *Larousse mensuel* n'infirme en rien mes conclusions. Il donne bien des indications sur le son de certaines lettres, mais, en général, ce sont des affirmations à peu près arbitraires, sans preuves, qui ne tiennent pas un compte suffisant des variations séculaires d'une langue, alors que les exemples que j'ai présentés me semblent bien de nature à montrer l'inanité de la prétention à restitution linguistique d'une époque déterminée.

Au reste, il n'y a qu'à constater la cacophonie qui règne dans les églises de campagne pour être édifié sur la valeur de la réforme.

(Séance du 7 février 1923.)

IV

Un journal local a signalé dernièrement, sous la rubrique « Actualité », la rivalité qui règne entre deux langues artificielles modernes : l'espéranto et l'ido, dont la seconde peut être, à volonté, considérée comme un idiome dissident ou comme un perfectionnement de la première.

L'auteur, évoquant l'histoire de la tour de Babel, renversait les rôles, oubliant qu'à l'origine :

Erat autem terra labii u.nius et sermonum eorumdem
(Genesis, xi. 1.)

Ce qui prouve bien que l'on ne peut pas s'entendre, si la confusion s'introduit même au point de départ !

Or, l'étude des types de langue internationale proposés à différentes époques a été faite par notre confrère M. Blondel, membre de l'Institut. Il a été ainsi conduit à présenter au Congrès international de 1907, pour l'adoption d'une langue artificielle, un projet fondé sur l'adaptation rationnelle du latin.

Dans une publication polytechnicienne nouvelle, il a fait l'examen critique de l'espéranto au point de vue linguistique. C'est le résumé de sa communication au Congrès de l'Association française pour l'avancement des sciences, tenu à Grenoble en 1904 [1].

Ses conclusions sont logiques, mais nous ramènent à la question de la prononciation, qui vient d'être traitée d'une façon magistrale par M. Louis Juglar, agrégé de l'Université, dans le *Journal des Débats*, en date du jeudi 27 décembre 1923 [2].

---

1. X... *Information*, 25 août 1923 et 25 octobre 1923.

2. Le lieutenant-colonel Andrieu donne lecture de l'article en question qui vient encore à l'appui de sa thèse.

L'auteur est un élève de l'abbé Rousselot, le créateur de la phonétique expérimentale basée sur l'étude de la physiologie et de l'acoustique, et dont la leçon [inaugurale, en 1897, fit dire à M. Michel Bréal : « La phonétique, grâce à cette direction toute scientifique, va enfin noter les faits, au lieu de noter des principes *a priori*. On cessera de faire de la phonétique à vide. Dans une vingtaine d'années, nos successeurs s'étonneront fort quand on leur dira qu'il y a eu un temps où l'on raisonnait, où on l'enseignait sans instrument et sans laboratoire ».

(Séance du 28 février 1924.)

V

A la date du 14 juin 1924, M. Henry Corot, membre non résidant a adressé au Président de notre Académie, une lettre contenant quelques observations relatives à la prononciation du latin, estimant que l'étude de certains textes épigraphiques était de nature à apporter un argument contraire à la théorie émise dans le numéro de nos mémoires paru en mars 1924.

Les exemples cités par M. Henry Corot sont extraits du livre de M. Dottin doyen de la Faculté des lettres de Rennes, ayant pour titre : *la langue gauloise,* ce sont des inscriptions recueillies sur des monuments.

En fait, l'argumentation ne porte pas sur la caractéristique principale du latin dit « à la romaine », l'U suivi de M ou de NT c'est-à-dire sur ces finales manquant d'euphonie, contre la prononciation desquelles Cicéron et Quintilien s'étaient déjà élevés en la comparant aux mugissements des bœufs mais simplement sur le V ou l'U rendu par l'omicron suivi de l'upsilon grecs.

1° Il semble bien qu'il ne s'agit là que d'un essai fait pour rendre un son latin, dans une langue différente, au moyen de lettres se rapprochant le plus de la prononciation latine, en raison de l'absence de lettres équivalentes rendant le son exact.

2º Nous ne pouvons rien affirmer sur la prononciation grecque de l'omicron suivi de l'upsilon, en raison du son actuel de cette dernière lettre (exemple déjà cité de *Basileus* se prononçant *Vasileff*).

3º Nous trouvons chez nous une confusion analogue dans quelques mots, tel notre « oui » prononcé voui ou vi.

4º Les exemples cités par M. Henry Corot appelleraient d'autres remarques sur le gamma et le kappa rendus par S, ou le mot OS rendu par TOS.

En résumé, les objections n'apportent pas une contradiction de principe à la thèse exposée, d'ailleurs nous n'avons qu'à nous reporter à l'opinion de M. Louis Zuglar exposée dans le numéro du *Journal des Débats* en date du 27 décembre 1923 et en particulier dans son renvoi : « Bien entendu, il ne s'agit que des mots passés du latin en français par l'intermédiaire de la langue parlée, les seuls qui puissent nous donner une idée de la prononciation ancienne ».

Séance du 25 juin 1924.

VI

M. Henry Corot mis au courant du compte-rendu relatif à notre séance du 25 juin 1924, dont j'ai tenu à lui envoyer copie, m'a fait l'honneur de me répondre le 14 juillet suivant, en disant qu'il n'avait simplement voulu qu'attirer l'attention de la compagnie sur la transcription phonétique des mots où paraît V voyelle ou consonne et qu'il aurait pu ajouter dans sa première note la transcription de V voyelle, au haut moyen âge et à l'époque mérovingienne où les noms de

lieux en A C V M sont écrits A C O M dans beaucoup de textes
et il ajoutait que cela confirme bien ma thèse. Puis il citait le
nom celtique TOVTIV transcrit en caractères étrusques sur
une inscription des Novarrais conservée au musée de Milan,
dont il existe un moulage au musée de Saint-Germain :

XOVXIV   TOUTIU

Il semble certain, ajoutait-il, que V voyelle avait la même
vocalisation en latin qu'en langue étrusque, ainsi que cela
paraît résulter des deux inscriptions bilingues de Todi. Pour
lui la transcription d'un même mot en deux langues à l'aide
de caractères différents est une preuve certaine de la similitude de l'expression phonétique du son donné à telle ou telle
lettre. Bien que les Gaulois se soient servi de caractères grecs
pour écrire leur langue il estime qu'il est inutile de savoir
comment se prononçait le grec dans ces temps lointains et
que l'épigraphie est un moyen mécanique supérieur aux
théories les plus savantes avancées souvent sans preuves maté-
rielles.

VII

Pendant que la prononciation du latin faisait l'objet de nos
débats, une petite brochure à publication limitée rappelait
qu'il y a quelques années, une pièce de vers avait été composée
pour présenter un certain nombre de mots latins renfermant U,
avec les mots français correspondants où cet U était devenu
OU : *dulcem* doux, *lupum*, loup, etc. Ce rapprochement était
naturellement fait pour conclure en faveur de la prononciation en OUS.

L'auteur de l'article n'avait pas manqué de faire ressortir la
naïveté de l'argument en lui opposant des mots où l'U latin
est resté U :

ăcūtŭm, aigu.

dūrŭm, dur.

fūstem, fût.

jūstŭm, juste.

mŭrŭm, mur.

lūnăm, lune, etc., etc.

d'autres où il est devenu EU :

flŭvĭum, fleuve.

gŭlăm, gueule.

jŭvĕnĕm, jeune, etc.

d'autres où il est devenu O :

ūndăm, onde.

plūmbŭm, plomb, etc.

Enfin il faisait remarquer que, quand il est devenu OU, cette forme n'est pas toujours venue nécessairement du latin, elle a succédé en français à une première forme O.

C'est ainsi que l'on a eu des intermédiaires :

būccam, boche, puis bouche.

crūstam, croste, puis croûte.

dūlcem, dols, puis doux.

cŭrrĕrĕ, core, puis courre.

mūscam, moche, puis mouche.

gūttam, gotte, puis goutte.

ūrsŭm, ors, puis ours, etc.

Il y a même des mots d'où l'U a disparu :

tăbŭlăm, table.

A cette liste, j'en ajouterai une autre qui ne manque pas de piquant pour l'argument romain, c'est une série de mots donnant OU en français, mais un O sonore en italien, le prétendu conservatoire du latin :

LATIN	ITALIEN	FRANÇAIS
diŭrnŭs	giorno	jour.
jūsta	giôstra	joute.
jŭventūs	gioventù	jouvence.
tūrris	torre	tour.
tūrbă	torba	tourbe.
tūssis	tosse	toux.

A la même époque, la *Revue de l'Université* avait entrepris une enquête sur un certain côté de la question au sujet duquel je vous ai donné l'avis déjà émis en 1907 par notre confrère Blondel, membre de l'Institut. De cette enquête il résultait que le désir presque général des lettrés était de voir le latin devenir une sorte de langue universelle qui faciliterait les relations des intellectuels des deux mondes, mais pour cela il fallait arriver à une prononciation unique et revenir à cette RESTITUTION déjà tentée, infructueusement, par l'Université.

La prononciation unique ne me semble pas absolument indispensable ; j'ai entendu, en Italie, pendant la guerre, des officiers français converser en latin avec des prêtres italiens, ils s'entendaient parfaitement sans avoir besoin de modifier leur manière nationale de prononcer [1].

A ce propos, je crois devoir citer l'avis de M. Louis Havet, également membre de l'Institut, professeur au Collège de France, président de l'École pratique des Hautes-Études :

« la prononciation de toute langue varie avec le temps, il ne peut y avoir une seule et unique prononciation du latin, mais bien autant de prononciations que d'époques différentes...

« Toutes les langues, avec le temps, changent de prononciation ; nous aurions peine à nous entendre de vive voix avec Rabelais ou Calvin. Pense-t-on que le parler d'un petit dis-

---

1. Ce n'est pas un fait isolé. Pendant le voyage organisé par les amis de la Pologne en septembre 1923, le chanoine Enard, aumônier du Lycée de Nice, conversa en latin avec un prêtre ruthène dans l'église valaque de Leopol (Lemberg).

trict italien, une fois devenu la langue de l'Univers et articulé par des Basques, des Celtes, des Germains, des Kabyles et des Daces ait pu demeurer le même idiome ? »[1]

En ce qui concerne la fin de la citation ci-dessus, c'est sous une autre forme, ce que j'avais dit à propos de la réforme grégorienne.

Il semble que nous tournions dans un cercle vicieux.

La question du latin avait déjà passionné le monde savant au XVIe siècle, et on aimait à en rappeler les souvenirs deux cents ans plus tard.

L'*Almanach de Dijon pour* 1734 publiait sous la rubrique : « Diversités curieuses », p. 146, l'amusant article suivant, ayant pour titre « : De la prononciation de la lettre Q » :

« L'on sait la plaisante dispute qui embarrassa autrefois toute la Sorbonne sur la lettre Q et que P. Ramus l'ayant voulu rétablir telle qu'est aujourd'hui, les docteurs de cette célèbre Faculté qui prononçaient cette lettre comme un K en disant *Kiskis* pour *Quisquis* poussèrent si loin le zèle qu'ils avaient pour cet usage, qu'ils voulurent priver un ecclésiastique de son revenu parce qu'il imitait Ramus et les autres professeurs royaux. Mais ceux-ci s'en faisant un point d'honneur, prirent la défense de l'ecclésiastique et la cause ayant été portée au Parlement, Ramus plaida lui-même en pleine audience, de manière que la Cour ayant égard à la chaleur et aux raisons des deux partis, il intervint arrêt qui permit de prononcer cette lettre comme on voudrait ».

Ramus avait soutenu avec fermeté que ce n'était pas au Parlement de décider une question grammaticale. La prononciation du mot *Quanquam* entrait également dans le même procès. On disait à cette époque *kankam*, ce qui fit dire à un mauvais plaisant : « La lettre Q fait plus de kankan que toutes les autres ensemble ».

---

1. *Revue de l'Université*. 15 janvier 1925, p. 11 et 13, d'ailleurs tout l'article serait à citer.

VIII

Le point de départ des recherches pratiquées par l'abbé Rousselot procède de cette observation logique que ce n'est pas dans les vieux textes qu'il faut étudier, tout d'abord, les sons verbaux mais dans l'homme lui-même vivant et parlant en soumettant nos moyens d'investigation au contrôle indiscutable que donne seul l'emploi d'appareils spéciaux inscripteurs et enregistreurs qui suppléent à l'imperfection de nos organes sensoriels dont les impressions peuvent être très différentes d'un individu à l'autre, appareils d'analyse physiologique, appareils d'analyse et de synthèse acoustiques dont le travail est mis en évidence par des graphiques qui soumettant l'oreille au contrôle des yeux, permettent de mesurer au microscope les vibrations inscrites les moins perceptibles et d'arriver ainsi à déterminer tous les caractères de la parole.

Des essais d'instruments automatiques conçus par Marey avaient déjà été effectués en 1874, à l'instigation de M. Louis Havet, mais ils n'avaient donné aucun résultat, pas plus que le téléphone écrivant inventé en 1879 par l'américain Blacke. Ces essais ont été repris en 1885 par l'abbé Rousselot et sans cesse perfectionnés avec une tenacité inlassable. Il est arrivé à pouvoir enregistrer à la fois les mouvements de la respiration, les vibrations du larynx, les résonnances de la bouche, les résonnances du nez, et la mesure du temps. Il a même employé des palais artificiels pour étudier les articulations de la langue dans la prononciation de certaines lettres particulièrement difficiles à émettre. A ces appareils est associé un instrument de comparaison extrêmement remarquable, le « grand tonomètre » que le constructeur Koenig a mis 25 ans à construire ; il se compose de 169 diapasons allant, vibration par vibration, de 32 simples dans les graves à 180.000 dans les aiguës avec une série correspondante de résonnateurs.

Son œuvre principale, *Principes de phonétique expérimentale*, se compose de deux volumes, le premier édité en 1897 comporte l'étude des éléments acoustiques de la parole, l'exposé des moyens naturels d'observation et d'expérimentation et des moyens artificiels, l'analyse physique de la parole et l'étude des organes de la parole, le second édité en 1901 présente l'analyse physiologique de la parole avec des applications de la méthode à la solution de divers problèmes de phonétique, divers appendices dont l'analyse des courbes et l'exposé d'une méthode expérimentale appliquée à l'enseignement des langues et à la correction des vices de prononciation.

Il faudrait instaurer un véritable cours pour exposer tous les travaux de l'abbé Rousselot, mais, il est un cas particulier qui pourrait être considéré comme le point de départ des conséquences pratiques d'un intérêt mondial et que l'on peut résumer brièvement, comme un vœu :

Il est incontestable que l'écriture ne traduit pas la parole d'une manière logique et si certains peuples se sont livrés à des réformes timides et limitées dans l'orthographe, c'est parce qu'ils se sont heurtés aux lois de la grammaire, lois fort respectables qui ont leur logique propre, et sont en somme, la manifestation du bon sens national.

L'abbé Rousselot envisageait déjà une réforme radicale :

« Il ne peut être question, disait-il, de conserver aucun de nos alphabets vulgaires. Chacun connaît leur fastueuse indigence.

« Dès le xvie siècle, on a songé à les enrichir ou à les remplacer.

« Au xviie, on voit naître cette idée que l'alphabet doit peindre les mouvements phonateurs » et cette opinion reprise par Rousselot, se réfère à l'*Histoire de la langue et de la littérature françaises* par M. Petit de Julleville.

» En même temps on cherchait un alphabet universel où les mots seraient écrits à la façon des chiffres et deviendraient lisibles pour toutes les nations ».

Au xviiie siècle, De Brosses entreprit de réaliser ces deux idées par l'alphabet organique et universel exposé dans son *Traité de la formation mécanique des langues,* sous deux formes, l'une hiéroglyphique et l'autre démotique. (Ce qui nous reporte aux magistrales conférences publiques de notre confrère Gaston Roupnel sur le célèbre président du Parlement de Bourgogne).

« Avec notre siècle, ajoutait Rousselot, les progrès de la linguistique font surtout désirer un alphabet universel assez riche pour rendre les nuances les plus délicates des sons ».

En ce qui me concerne, je crains bien que les différences physiologiques dans les organes d'émission et d'audition des différentes races ne soient un obstacle insurmontable, alors que la recherche et l'exploitation des points communs — et il y en a — pourraient peut-être conduire à un progrès matériel dans la constitution d'une Société des Nations.

TABLE DES MATIÈRES

Impr. Bernigaud et Privat. Dijon